Herausgegeben von Walter Kowalczyk und Klaus Ottich

Dr. Walter Kowalczyk, Jahrgang 1949, ist Schulpsychologe und als Lehrbeauftragter an der Universität Hannover tätig. Er ist Mitglied in der Aktion Humane Schule, im Arbeitskreis Grundschule und in der Deutschen Gesellschaft für Lesen und Schreiben (DGLS).

Klaus Ottich, Jahrgang 1942, ist Oberstudienrat und arbeitet als Lehrer für Deutsch und Geschichte an einem Gymnasium.

Beide Herausgeber sind in der regionalen und überregionalen Fortbildung tätig. Sie haben zahlreiche Bücher und Aufsätze zu den Themen «Zusammenarbeit zwischen Elternhaus und Schule» und «Lernförderung» veröffentlicht und sich intensiv mit der Lern- und Gedächtnisforschung befasst. Im Rowohlt Taschenbuch Verlag sind bereits von ihnen erschienen: *Der Elternabend* (Nr. 9182) und *Schülern auf die Sprünge helfen* (Nr. 9775).

Walter Kowalczyk / Klaus Ottich

Erfolgreich in der Schule

**Eltern helfen ihren Kindern,
Lehrer fördern ihre Schüler**

rororo

Rowohlt

Dieses Buch ist nach den neuen Rechtschreibregeln verfasst (Stand Juli 1996).
Auch die Zitate wurden der neuen Schreibweise angepasst.

Originalausgabe
Lektorat Katrin Helmstedt und Bernd Gottwald

Veröffentlicht im Rowohlt Taschenbuch Verlag GmbH,
Reinbek bei Hamburg, Januar 1997
Copyright © 1997 by Rowohlt Taschenbuch Verlag GmbH,
Reinbek bei Hamburg
Umschlaggestaltung Susanne Müller
Gedruckt auf Arctic Volume 115 g / qm
der Häfreströms AB Schweden
Gesetzt aus der Minion und Trade Gothic
auf Apple Macintosh in QuarkXPress 3.32
Gesamtherstellung Clausen & Bosse, Leck
Printed in Germany
1690-ISBN 3 499 60189 3

Inhaltsverzeichnis

Wenn Schule zum Problem wird

Nachrichten aus dem Schulalltag

> Michaela eile   Elli ist schnell
> ~~Elli~~ Fell   :-)
> ein   *Michaela hat in 20 Minuten nur das Wörtchen – ein – geschrieben. Ich weiß nicht was das soll – ist es Dummheit oder Arbeitsverweigerung.*

(Heft einer Schülerin, Klasse 1)

Es gibt Probleme: Wo bleibt die Hilfe?

Alarmglocken schrillen: «Versetzung gefährdet!»

In etwa vier Millionen Familien ist einmal im Jahr Ärger angesagt. Auf dem Halbjahreszeugnis des Kindes steht die Bemerkung «Versetzung gefährdet» oder es flattert etwas später der berüchtigte «blaue Brief» ins Haus. Und am Ende (des Schuljahres) erwischt es etwa 250 000 Schülerinnen und Schüler: sitzen geblieben!

Schon im Vorfeld der Nichtversetzung gibt es aber erste Signale: Klassenarbeit verhauen!

In ihrem ersten Unmut sprechen die unzufriedenen Eltern Strafen aus, die den Druck auf die Kinder weiter verstärken. Nun ist auch noch der häusliche Friede gestört.

Die hier veröffentlichten Zuschriften geben nur die Meinung unserer Leser wieder, nicht unbedingt die der Redaktion. Alle Einsendungen müssen sachlich sein und frei von persönlichen Angriffen. Anonyme Zuschriften werden nicht veröffentlicht. Eine Auswahl sowie Kürzungen – ohne Änderung der Tendenz – behält sich die Redaktion vor.

Nicht mit Prügeln
Zu: «Sorgentelefon – der Weg aus der Zeugniskrise».

Gut, dass es solch ein Sorgentelefon gibt – und traurig, dass es überhaupt eingerichtet werden muss! Sicher, nicht alle Eltern wollen ihren persönlichen Ehrgeiz befriedigen, wenn sie ihre Kinder zum Abitur bringen wollen. Doch auch der Wunsch nach einer bestmöglichen Ausbildung im Interesse des Kindes darf nicht heißen, es auf Biegen und Brechen durch eine höhere Schulform zu bekommen! Sicher, manche Kinder haben faule Phasen und könnten mehr leisten, als sie zeigen. Dann ist es unsere Aufgabe, ihre Leistungsbereitschaft wieder zu wecken, aber bitte schön nicht mit Prügeln, Taschengeldentzug, Stubenarrest und Pauken ohne Ende in den Ferien! Wir müssen akzeptieren, dass es auch eine Leistungsgrenze gibt, und unsere Kinder dafür nicht schelten, sondern sie trösten – sie leiden nämlich selbst darunter, auch wenn sie es nicht zeigen wollen. Sie kompensieren ihre Misserfolge lieber damit, dass sie den Klassenclown spielen. So ist es für das Selbstwertgefühl und damit die Lust am Lernen sicherlich wesentlich besser, innerhalb des Schulsystems auf- als abzusteigen und Zeugnisse nicht mehr als Angst machenden Bestrafungskatalog betrachten zu müssen – es gibt Schlimmeres als schlechte Noten!
Evelyn Buchholz-Dassen
Bad Pyrmont

(In: Deister- und Weserzeitung vom 8. Juli 1996)

Reinhard Mey, Zeugnistag

Ich denke, ich muss so zwölf Jahre alt gewesen sein,
und wieder einmal war es Zeugnistag.
Nur diesmal, dacht ich, bricht das Schulhaus samt Dachgestühl ein,
Als meines weiß und hässlich vor mir lag.
Dabei war'n meine Hoffnungen keineswegs hoch geschraubt.
Ich war ein fauler Hund und obendrein
Höchst eigenwillig; doch trotzdem hätte ich nie geglaubt,
So ein totaler Versager zu sein.
So, jetzt ist es passiert, dacht ich mir, jetzt ist alles aus,
Nicht einmal eine Vier in Religion.
O Mann, mit diesem Zeugnis kommst du besser nicht nach Haus,
Sondern allenfalls zur Fremdenlegion.

(Mey, Reinhard: Zeugnistag. Aus der CD «Mein Apfelbäumchen». Intercord 1989;
© Maikäfer Musik Verlagsgesellschaft mbH)

Andere Eltern atmen tief durch und beraten sich. Gemeinsam mit ihrem Kind überlegen sie: «Was machen wir jetzt am besten?» Und diese Frage stellen sie vielleicht auch dem Fachlehrer.

Und der Lehrer sagt: «Ihr Kind muss mehr üben!»

Der Elternsprechtag bietet Eltern die Möglichkeit, mit den Lehrern über den aktuellen Leistungsstand des Kindes, seine Stärken **und** Schwächen, zu sprechen. Allerdings ist der Tag vielfach durch angespannte Erwartung auf Seiten der Eltern geprägt. Warteschlangen vor den Sprechzimmern, Fließbandabfertigung im 10-Minuten-Takt, Herzklopfen: «Was wird Frau Schrader wohl sagen?» Das führt in so manchen Familien zu der Überlegung, wie man sich davor «drücken» könnte. Andere Eltern wiederum fordern ihr Kind auf: «Eigentlich solltest du mitkommen und dir mal anhören, was deine Lehrerin sagt und was sie von dir erwartet!» Bei den Kindern dann betretenes Schweigen oder gar der Hinweis: «Ist nicht so wichtig, da braucht ihr nicht hinzugehen.» Und mancher Vater sagt zu seiner Frau: «Rede du doch mit der Lehrerin!» Fast hätte man sich entschlossen, diesmal nicht teilzunehmen, da tauchen Bedenken auf: «Wir müssen uns doch wenigstens zeigen. Sonst denkt die Lehrerin, wir hätten kein Interesse an unserem Kind und an der Schule!»

Und dann kommt der Sprechtag (siehe S. 11).

Erkundigt sich anschließend das Kind nach dem Ergebnis des Gesprächs, hört es vielfach die Antwort: «Du musst mehr tun!» Neuer Streit und neue Probleme sind vorprogrammiert, wenn weder die Ursachen geklärt noch das Arbeitsverhalten analysiert und eine sinnvolle Unterstützung abgesprochen wurden.

Effektiver lernen, aber wie?

Hat das Kind lediglich vorübergehende Verständnisschwierigkeiten in einem Fach, oder ist es momentan mit anderen Problemen belastet und kann sich deshalb nicht auf den Lernstoff konzentrieren? Das sind Fragen, die in einem gründlichen Beratungsgespräch zu klären sind. Die bloße Anwesenheit vormittags in der Schule und nachmittags am Schreibtisch reicht nicht aus, um den Lernstoff auch in den Kopf zu bekommen.

Im Sport ist die Frage nach effektiven Trainingsformen eine Selbstverständlichkeit. Man ist immer auf der Suche danach, wie das Training verbessert und damit die Leistung im Wettkampf gesteigert werden kann.

Und in der Schule? «Bei rund 500 Unterrichtsbesuchen in etwa fünf Jahren sah ich keine zehn Stunden, deren Gegenstand bestimmte Arbeitstechniken gewesen wären. Kaum eine Stunde aber sah ich, in der nicht irgendwelche Arbeitstechniken als selbstverständlicher Fundus vorausgesetzt wurden» (Jentzsch 1977, S. 46).

Das müsste die Schule doch leisten. Gibt es denn z. B. nicht den Förderunterricht?

Elternsprechtag (von Hermann Bärthel, Gymnasium Meiendorf)

Ah, und Sie sind Herr … Frau … ja, ganz richtig,
find ich ungeheuer wichtig,
dass auch Sie mich heut besuchen.
Darf ich eben dies Stück Kuchen…
Hab nämlich noch nichts gegessen,
seit drei Stunden hier gesessen
auf dem Elternsprechtag heute…
Wieder wahnsinnig viel Leute…
So, und nun zu Ihrem Filius,
dem… ach so: Maria – ja, ich muss
Ihnen da sagen,
dass im eigentlichen Sinne Klagen
mir bis jetzt doch zweifellos…
(Wer, zum Teufel, ist Maria bloß?
Ist sie aus der Siebten, Zehnten?)
Sicher, wie Sie schon erwähnten:
Maria ist in diesem Jahr
oder doch zumindest: war,
soweit ich sehe, stets…
Und sonst so allgemein – wie geht's
zu Haus mit ihr, sind da Probleme?
So, nicht – falls doch: Ich käme
sonst gern nochmal darauf zurück.
Ansonsten wünsch ich Ihnen Glück!
Bis dann – Sie sehen, draußen ist es voll…
Gewiss, auch ich find diesen Sprechtag toll…
Man lernt sich kennen… tschüs – na klar…
(Wenn ich bloß wüsste, wer das war…)

(© Quickborn-Verlag, Hamburg 1992)

Ein Förderkonzept in der Schule? – Achselzucken

Eine Möglichkeit, Lernprobleme einzelner Schülerinnen und Schüler zu verringern, ist der Förderunterricht. Ein Blick in die Schulen zeigt, dass in diesen Stunden – wenn sie in Zeiten leerer Kassen überhaupt stattfinden – häufig lediglich ein «nochmal oder mehr desselben» stattfindet: Es wird wieder dasselbe Verfahren angewandt, das schon im Unterricht unklar geblieben ist. Es käme aber darauf an, zunächst einmal falschen Denkmustern und Strategien der Schüler auf die Spur zu kommen. Dazu fordert man sie auf, laut «vorzudenken», was ihnen zu einzelnen Arbeitsschritten einfällt (vgl. Röhrig 1996).

Deshalb gehört zum Förderunterricht auch ein Förderkonzept. Dieser Unterricht muss als kontinuierlicher Prozess angelegt sein. In der Anfangsphase ermittelt man die Schwächen **und** Stärken des Kindes, stellt langfristige Ziele auf und unterteilt diese in Zwischenziele. Die Fördermaßnahmen werden regelmäßig überprüft, sodass auch Kurskorrekturen möglich sind.

Eine solche Förderung setzt allerdings voraus, dass die Lehrkräfte wissen, wie Lernen funktioniert.

Der Lehrer – Experte fürs Lernen?

Der Universitätslehrer Manfred Bönsch hat in dem Standardwerk «Üben und Wiederholen im Unterricht» hierauf eine pointierte Antwort gegeben: «In der Schule wird ständig Lernen verlangt – wie dies aber realisiert werden kann, sagen Lehrer kaum» (1988, S. 105). Und er weist darauf hin, man müsse einem Lernenden klar machen, auf welchen Wegen er am besten lernt, beim Zuhören, Lesen oder Sprechen oder in kombinierten Verfahren. Dazu gehörten dann auch neue, alternative Methoden des Lernens. «All das ist bis heute in der Schule Tabula rasa» (S. 107).

Mittlerweile ist aber ein Umdenken zu beobachten. Mit unseren Überlegungen und Hinweisen wollen wir diesen Prozess fördern.

Im Schulalltag bestehen

Hier brauchen Eltern wie Lehrer Hilfen. Der Aufwand darf aber nicht zu einem neuen Problem werden. Gut gemachte Rezepte erleichtern die Arbeit. Allgemeine Appelle wie etwa «Sie müssen sich aber mehr um Ihr Kind kümmern!» und «Sie müssen geduldiger erklären!» machen nur ein schlechtes Gewissen.

Im Mittelpunkt dieses Buches stehen Hinweise, Ideen und Strategien für den Schulalltag. Unsere beruflichen Erfahrungen als Schulpsychologe und Lehrer und die privaten Erfahrungen mit den eigenen Kindern haben uns gelehrt, Vorschläge immer auch auf ihre Brauchbarkeit und ihre Realisierungsmöglichkeiten im Alltag zu prüfen. Die Umsetzung pädagogischer Idealvorstellungen erfordert Kraft, die oft fehlt. Und das Scheitern schafft ein schlechtes Gewissen.

Andererseits, mit dem amerikanischen Politiker und Publizisten Carl Schurz (1829–1906) gesprochen: «Ideale sind wie Sterne. Man kann sie nicht erreichen, man kann sich aber nach ihnen orientieren.» In diesem Buch geht es um Rezepte im Sinne von Jochen und Monika Grell (1979). Nach ihrer Ansicht sind Rezepte (Regeln, Pläne und Vorstellungen) Antworten auf die Frage, wie etwas gemacht werden kann, nicht aber Gesetze, denen jeder gehorchen muss. Der Begriff «Rezept» besagt weder, dass es sich hier um etwas handelt, was immer, sofort, in jeder Situation und ohne Beachtung der Nebenbedingungen funktioniert, noch, dass Rezepte dumm, unwissenschaftlich, primitiv und einfach zu lernen sein müssen. Rezepte sind vielmehr nichts weiter als Beschreibungen, was man tun kann, wenn man bestimmte Ziele erreichen oder bestimmte Effekte erzielen möchte. Also Handlungsentwürfe, an denen man sich orientiert, wenn man sie für vernünftig hält. Sie sollen neugierig machen, etwas anderes zu probieren. Uns ist wichtig, dass diese Rezepte nicht als Befehle verstanden werden nach dem Muster: «Ein guter Lehrer oder eine gute Mutter muss dies und muss jenes tun.»

Angelika Wagner hat sich in einem Aufsatz mit den fordernden Imperativen in der Erziehungswissenschaft auseinander gesetzt. Sie nennt Forschungsergebnisse zu diesem Thema. «Die meisten erziehungswissenschaftlichen Lehrbücher enthalten eine Fülle von Sätzen vom Typus: ‹Ein guter

Lehrer MUSS…› oder ‹Eine Lehrperson DARF AUF KEINEN FALL…› oder ‹Die Schule MUSS IMMER…›.

Solche Imperative haben in der Regel einen deutlich moralischen Unterton: Sie implizieren, dass es geradezu unanständig ist, gegen sie zu verstoßen – auch und gerade dann, wenn zugleich zugegeben wird, dass die Umsetzung dieser Imperative in die Praxis häufig schwer ist, zumal ‹der gute Lehrer› ja auch noch viele andere Imperative gleichzeitig im Kopf behalten MUSS und dann dabei noch ‹offen und spontan› bleiben SOLL. Dass dies zu einer Vielzahl von Imperativverletzungskonflikten im Kopf von Lehrkräften führt, liegt auf der Hand und ist inzwischen auch empirisch belegbar.

Erziehungswissenschaftler gehen wie andere Menschen auch von der selbstverständlich anmutenden Annahme aus, dass menschliches Verhalten durch solche Imperative sinnvoll gesteuert werden kann.

Unsere Untersuchungsergebnisse zeigen jedoch das Gegenteil: auch erziehungswissenschaftlich ‹untermauerte› Imperative führen nicht nur häufig **nicht** zu der erwünschten Verhaltensänderung, sondern auch zu einer Fülle von Verwirrungen und machen ‹guten Unterricht› eher schwerer als leichter…» (Wagner 1990, S. 65).

An diese Erkenntnisse knüpfen wir nun einige weiter reichende Gedanken an. Wem ist eigentlich damit geholfen, wenn in pädagogischen Lehrbüchern eine Lehrerpersönlichkeit vorgestellt wird, die vor allem die Leserinnen und Leser darauf bringt, wie unbedeutend und unfähig sie selber seien? Ist nicht die Zeit gekommen für einen entspannteren Umgang miteinander, eine Zeit des Sich-Erkundigens danach, wie der Kollege mit den ganz gewöhnlichen Herausforderungen umgeht? Sollten Lehrer sich nicht gegenseitig als Menschen zulassen, die im Alltag immer wieder an die Grenzen ihrer Kräfte gelangen? Auch der gut gemeinte Hinweis auf Idealbilder löst eher Abwehr und Schuldgefühle aus.

Statt sich aufzureiben im Versuch, eine schillernde Fassade aufzubauen, sollte ein Lehrer den Mut haben, im Bewusstsein der eigenen Grenzen und angesichts der Schüler vor ihm die Unterrichtsstunden so zu organisieren, dass aus gegenseitiger Achtung heraus gemeinsames Lernen möglich wird.

Es mag den Traum von einer «humanen Schule» geben (v. Hentig, 1976). Was zeichnet sie aus? Sicherlich unter anderem das Gelingen des Gesprächs über alle pädagogischen Fragen, über Inhalte ebenso wie über den Umgang miteinander im gemeinsam gestalteten Lernprozess. Es gehört wohl auch die Bereitschaft dazu, die Realität zuzulassen.

Wer sind eigentlich diese 25 Schüler der Klasse 9b? Wie leben sie, wie verbringen sie ihre Freizeit, was mögen sie und was stört sie, wie sehen sie sich selbst in ihrer lebensgeschichtlichen Phase, welche Wünsche richten sie an die Zukunft? Und was ist mit dem Lehrer, dem Spezialisten für einige wenige Bereiche, der seine Schülerinnen und Schüler empfänglich machen möchte für die Vorzüge der Demokratie, für den Reiz vielfältigen Denkens und gemeinsam entwickelter Vereinbarungen?

An welchen Stellen kann er als Pädagoge seine Fähigkeiten erweitern, seine Fertigkeiten besser ausbilden? Wo überall gerät er an die Grenzen seiner Leistungsfähigkeit? Welche Entlastungschancen sieht er in der Zusammenarbeit mit Kolleginnen und Kollegen, welche Hoffnungen setzt er auf die Zusammenarbeit mit den Eltern?

Damit entfernen wir uns weit vom leuchtenden Vorbild des «idealen Lehrers». Angenähert haben wir uns jedoch zugleich der schulischen Alltagsrealität. Dort aber, das hat Angelika Wagner eingangs betont, wirken «muss»-Formulierungen eher verwirrend.

Am Schluss dieses Kapitels stehen Fragen an den Lehrer.

Wie ergeht es Ihnen eigentlich bei Ihrer täglichen Arbeit? Wie bringen Sie die verschiedenen Anforderungen und Wünsche, die an Sie herangetragen werden, unter einen Hut? Welchen Entwicklungsprozess haben Sie erlebt, seit Sie vor etlichen Jahren mit bestimmten Vorstellungen und einem individuellen Konzept diese Tätigkeit aufgenommen haben?

Wie werden Sie eigentlich damit fertig, dass Sie so selten ein Lob für Ihre Bemühungen hören? Und worin liegen für Sie Chancen der beruflichen und menschlichen Weiterentwicklung? Wie könnte man den Alltag von den Aktivitäten zweiten und dritten Ranges entlasten, die so viel Zeit und Kraft verschlingen? Wo möchten Sie gemeinsam mit Kolleginnen und Kollegen anpacken, um Schule als Lernort und als Lebensraum voranzubringen?

Über ähnliche Fragen können auch Eltern ins Gespräch kommen.

«Mein Kind soll es zu etwas bringen!»
Eltern helfen ihren Kindern

Helfen oder nicht helfen? – Eine ständige Gratwanderung. Dies Kapitel zeigt, wie eine angemessene und erfolgreiche Unterstützung zu Hause aussehen könnte. Was nicht sein sollte, ist, dass Eltern zunehmend die Rolle der Hilfslehrer einnehmen.

In früheren Zeiten hatten die Eltern an ihren Kindern ein handfestes Interesse. Kinder waren zunächst einmal Arbeitskräfte und später dann eine Sicherheit, dass die Eltern auch im Alter ein Dach über dem Kopf und etwas zu essen hatten. Familien in Industrieländern brauchen heute darauf nicht mehr zu achten. Söhne und Töchter besuchen sehr lange die Schule, und das wenige Geld, das sie möglicherweise zwischen Schulabschluss und Volljährigkeit verdienen und vielleicht zu Hause abliefern, steht in keinem Verhältnis zu dem jahrelangen Aufwand, der nötig war, um die Kinder großzukriegen. Für die Altersversorgung kommen heutzutage Rentenversicherung, Pensionskassen sowie private Altersversicherungen auf. Ein materielles Interesse der Eltern an den eigenen Kindern besteht also gegenwärtig in den meisten Familien nicht mehr. Kinder haben heute eine andere Bedeutung für ihre Eltern als früher. Die «Belohnungen», auf die Eltern in unseren Tagen für ihre Mühe hoffen, sind nicht mehr materieller Art, sondern sollen eher «Honig» für die Elternseele sein (vgl. Borchert u. a. 1979). Soweit Eltern ihre Kinder nicht nur als Anhängsel und Last empfinden, sehen sie in ihnen häufig einen Ersatz für die Entsagungen in der Arbeitswelt, in ihrem Dasein als Hausfrau oder im Verhältnis zum Ehepartner (vgl. Richter 1972). Unbewusst machen Eltern ihre Kinder zu Wesen, die ihnen Selbstbestätigung verschaffen. Ihren eigenen Wert messen sie am Erfolg ihrer Kinder.

Hat man Mühe und Geld für seine Kinder aufgebracht, dann will man doch auch stolz auf sie sein dürfen. Dann kann man sagen: «Mein Kind hat es zu etwas gebracht.» Dieser durchaus verständliche Wunsch besteht vor allem bei Eltern, die selber wenig Geld haben und in relativ bescheidenen Verhältnissen leben. Niemand verübelt es einem Vater, der sein ganzes Leben lang hauptsächlich für den Unterhalt der Kinder gearbeitet hat, wenn er irgendwann dafür eine «Belohnung» erwartet. Und jeder versteht die Mutter, die über viele Jahre hin ihre Kinder versorgt hat und ihren Lohn dann darin sieht, dass diese auch dankbar sind. Gerade aber in den so verständlichen Erwartungen steckt nun eine ganze Menge Konfliktstoff für das Verhältnis zwischen Eltern und ihren Kindern. Denn Ruhe und Frieden herrscht in Familien, in denen die Eltern so starke Erwartungen an ihre Kinder richten, nur so lange, wie sich diese wunschgemäß verhalten. Sobald sie aber aus dem Bild herauswachsen, das die Eltern sich in ihren Vorstellungen gebildet haben, gibt es Ärger. Allerspätestens in der Pubertät kommt es zu starken Auseinandersetzungen zwischen Eltern und Kindern, weil die Kinder dann mit aller Macht versuchen, den Rahmen des Bildes zu sprengen, das ihre Eltern von ihnen gezeichnet haben. Auf den Punkt gebracht: Die Kinder haben keine materielle Bedeutung für ihre Eltern mehr, sie sind aber häufig Ersatz und Entschädigung für Entsagungen, gescheiterte Selbstverwirklichung und fehlendes Glück bei der Arbeit oder in den Beziehungen zwischen Ehepartnern.

Während der Schulzeit richten sich die Erwartungen, die Eltern gegenüber ihren Kindern haben, auf die sichtbaren Ergebnisse, d. h. überwiegend auf die Klassenarbeiten. Auf schlechte Ergebnisse folgt der Vorwurf: «Du tust nicht genug für die Schule, du hast nur andere Sachen im Kopf!» Und: Freizeitaktivitäten passé. Die Sorge der Eltern um das Fortkommen ihrer Kinder macht aus Müttern und Vätern dilettierende Nachhilfelehrer (vgl. Etzold 1996; siehe auch S. 18).

Eltern sind in der Regel keine guten Nachhilfelehrer. Diese Form der Betreuung ihrer Kinder ist für sie ein Zusatzgeschäft. Sie haben erst einmal ihre eigenen beruflichen Aufgaben, die sie erledigen müssen. Ihnen fehlt dann häufig die Ruhe und Ausgeglichenheit, um vernünftig mit ihren Kindern zusammenzuarbeiten und um sie sinnvoll zu unterstützen. An Erfahrung steht ihnen auch nur ihre eigene Schulzeit zur Verfügung, sodass gar nicht selten Konflikte dadurch entstehen, dass Kinder und ihre Eltern unterschiedliche Lösungswege bei der Bewältigung von Aufgaben wählen. Und nicht selten sind Eltern sogar strenger als die Lehrer, weil sie möchten, dass ihr Kind die Arbeit möglichst perfekt abliefert, damit der Lehrer keine Hinweise auf mögliche Schwächen erhält. Dies erklärt auch, dass Eltern selten begeistert sind, wenn Lehrer den Schülern unterschiedliche Hausaufgaben aufgeben. Von der Schule als Erleichterung für schwächere Schüler angesehen, ist dies für Eltern eher ein Eingeständnis der Schwierigkeiten ihres Kin-

Forscher stellen bajuwarischen Gymnasien schlechte Noten aus

Ach, Bayern

In Bayern hat es Zeugnisse gegeben – nein, noch nicht für die Schüler, sondern diesmal für die Schulen, genauer gesagt für die Gymnasien. Und diese Zeugnisse, ausgestellt von Sozialpsychologen und Pädagogen der Universität Erlangen / Nürnberg, sind keineswegs besonders glänzend ausgefallen. Das mag eine arge Enttäuschung sein für all jene, die als Folge ministerieller Weichzeichnung Bayernland bislang für eine blühende Oase in der deutschen Schulwüste gehalten haben. Die Erlanger Wissenschaftler korrigieren das Klischee: Die gymnasiale Ausbildung werde wesentlich durch Nachhilfeunterricht, also durch persönliche, private Initiative der Eltern, gesichert. «Die Eltern treten als ein unbezahltes Heer von Helfern in unserem Bildungswesen an», meinen die Erlanger und rechnen vor: Mehr als die Hälfte der Eltern sind wöchentlich mindestens drei Stunden mit Nachhilfe beschäftigt, davon wiederum ein Viertel sechs und mehr Stunden pro Woche. Sechzehn Prozent der Schüler erhalten bezahlten Nachhilfeunterricht. Das kostet monatlich rund 127 Mark. Bei derzeit etwa 295 000 bayerischen Gymnasiasten ergibt das sechs Millionen Mark. Ähnliche Untersuchungen belegen, dass es im übrigen Deutschland nicht viel anders zugeht: Neben der Schule hat sich ein inoffizieller Unterrichtsbetrieb breit gemacht. Er wird aufrechterhalten von dilettierenden Müttern und Vätern (hauptsächlich Müttern), von einem florierenden Markt professioneller Nachhilfeunternehmen und auch von Lehrern, die von den Schulen nicht eingestellt werden. Und er wird hauptsächlich gespeist vom Personal- und Sachmittelnotstand an den Schulen und von der Angst der Eltern um das Fortkommen ihrer Kinder. Abhilfe könnte nur geschaffen werden, wenn die Schularbeiten da gemacht würden, wo sie hingehören, in der Schule nämlich, betreut von Lehrern, die dafür nicht von den Eltern, sondern vom Staat bezahlt werden. Ganztagsschulen und Förderkurse seien die Auswege, das meinen auch die Erlanger Wissenschaftler. Was bedeuten würde: mehr finanzielles und organisatorisches Engagement des Staates. Aussichtslos im Augenblick – auch im Schulparadies Bayern.   *Sabine Etzold*

(In: DIE ZEIT, 5. Juli 1996, S. 29)

des. Dies aber möchten sie vor der Schule verbergen. Was können Eltern sinnvollerweise für ihre Kinder tun, um sie in schulischen Belangen zu unterstützen?

Die Alltagsgeschäfte stoppen und zuhören

Einkaufen, bügeln, kochen – die wichtigste und vielleicht auch schwerste Aufgabe für Eltern besteht darin, die Arbeit für eine Zeit lang liegen zu lassen und sich ihrem Kind zuzuwenden: zuhören, trösten, ermutigen.

Erziehung ist immer eine Gratwanderung. Das Kind will einerseits seine Selbständigkeit beweisen. Anderseits will es auch akzeptiert werden, wenn es einmal hilflos ist oder versagt. Die kindliche Entwicklung wird gestört, wenn es nicht zu einem Ausgleich dieser gegensätzlichen Bedürfnisse kommt. Eine Erziehung, die dem Kind alles vorschreibt, führt zu Unselbständigkeit. Eine Erziehung, die dem Kind überhaupt keine Grenzen setzt, bewirkt Unsicherheit und Angst (vgl. Rogge 1995). Zwei pädagogische Klassiker sind ein Indiz dafür, dass Eltern diesen Zwiespalt spüren und bemüht sind, sich richtig zu verhalten. Thomas Gordon hat in mehreren Büchern einen Weg aufgezeigt, der drei wesentliche Verhaltensweisen umfasst: aktives Zuhören, Ich-Botschaften statt Du-Botschaften und Verzicht auf Schuldzuweisungen. Und Rudolf Dreikurs empfiehlt nachdrücklich das Prinzip der Ermutigung als Lernhilfe.

Wieder einmal Alltag. Die interessierte Standardfrage der Mutter, kaum dass das Kind durch die Tür ist, lautet: «Wie war es denn heute in der Schule?» Die knappe Antwort des Kindes – «Ganz gut!» – führt nicht selten zu Ärger – «Du erzählst mir nie etwas!» – oder zu resigniertem Aufgeben und Schweigen. Es macht auf Dauer auch keinen Spaß, dem Kind jedes Wort aus der Nase zu ziehen.

Und wie geht's dem Kind, wenn es nach Hause kommt? Viele Schülerinnen und Schüler sind mittags erschöpft und ausgelaugt und brauchen zunächst einmal eine Verschnaufpause. Sie wollen nicht gleich mit Fragen überfallen werden.

Das Interesse der Mutter ist verständlich und berechtigt, aber der Zeitpunkt ist kritisch. Wenn man im Tagesablauf eine bestimmte Zeit vorsieht, in der man in Ruhe Alltagsfragen bereden kann – z. B. im Anschluss an das Mittagessen –, werden die Gespräche zwischen Tür und Angel überflüssig.

Eltern sollten sich nicht entmutigen lassen, wenn ihre Kinder manchmal nicht dazu aufgelegt sind, mit ihnen zu sprechen. Das aktive Zuhören, wie es Thomas Gordon in seinen Büchern beschreibt, ist eine gute Möglichkeit, mit dem Kind ins Gespräch zu kommen.

Manchmal sind einfache «Türöffner» noch besser geeignet: «Möchtest du erzählen, was in der Schule los war?» – «Willst du über das sprechen, was dich bedrückt?» – «Vielleicht hilft es dir, über das zu reden, was dich in Ärger versetzt!»

Die Bereitschaft von Kindern, sich mit ihren Eltern zu unterhalten, hängt vom Vertrauen ab, das sie zu ihnen haben. Sie müssen sicher sein, dass ihre Äußerungen ohne Kritik, Entrüstung, Vorwurf oder Drohung aufgenommen werden.

Kinder brauchen ein positives Selbstwertgefühl. Es verleiht ihnen Sicherheit (vgl. Dinkmeyer und Dreikurs 1980).

Geliebt, gehasst und notwendig: Die «liebe» Ordnung

Neben der Mäkelei am Essen ist der Streit um die Aufrechterhaltung der Ordnung ein Spitzenreiter unter den familiären Konfliktthemen. Die Einstellung der Erwachsenen zur Ordnung ist schwankend. Christian Morgenstern hat bereits 1905 gewarnt: «Vom höchsten Ordnungssinn ist nur ein Schritt zur Pedanterie.» Die Autoren des Kursbuches Kinder, Ernst u. a. (1993, S. 330), fordern: «Kinder brauchen Chaos!» Erst bei einem bestimmten Ausmaß von ausgebreiteten Spielsachen entstünden Ideen für neue Spiele. Auch Klaus K. Urban (1993) von der Universität Hannover bemängelt, dass mit der Bändigung des «kreativen kindlichen Chaos» die Entwicklung der Kreativität gehemmt werde.

Chaos gleich Kreativität?

Kreative Fertigkeiten leben von zufälligen Anregungen, aber auch vom planmäßigen Abwandeln einer Grundidee.

Ordnung ist ein wichtiger Gesichtspunkt im Leben. Die permanente Flut von Informationen und Reizen ist nur zu bewältigen, wenn man die Dinge seiner Umgebung nach bestimmten Aspekten ordnet: Was ist wichtig, was ist weniger wichtig? Wo finde ich etwas wieder?

Durch Ordnung verschaffen wir uns Übersicht. Wir fassen z. B. einzelne Begriffe in einem Oberbegriff zusammen und ordnen Handlungsabläufe nach Ursachen und Wirkungen. Im Zusammenleben sind es die Regeln, die Ordnung aufrechterhalten. Die vielen Bücher zum Thema «Zeitmanagement» beweisen, dass zahlreiche Menschen darauf erpicht sind, ihre Zeitplanung zu verbessern.

Wenn wir für «Ordnung» plädieren, meinen wir eine individuelle Ordnung, die sich jemand zurechtlegt. Viele Arbeitsplätze von Erwachsenen sehen auf den ersten Blick unordentlich aus. Ihnen liegt jedoch eine solche Ordnung zugrunde. Sie wird deshalb auch hartnäckig gegen Aufräum- und Putzversuche verteidigt.

Ordnung im Kinderzimmer, am Arbeitsplatz, im Ranzen und im Kopf

Als Denkanstoß für diesen Abschnitt stellen wir folgenden Gedanken aus dem alten China voran: «Willst du das Land in Ordnung bringen, so musst du zuerst die Provinzen in Ordnung bringen. Willst du die Provinzen in Ordnung bringen, so musst du zuerst die Städte in Ordnung bringen. Willst du die Städte in Ordnung bringen, so musst du zuerst die Familien in Ordnung bringen. Willst du die Familien in Ordnung bringen, so musst du zuerst deine Familie in Ordnung bringen. Willst du deine Familie in Ordnung bringen, so musst du zunächst dich selber in Ordnung bringen» (Puntsch, o. J.).

Ordnung im Kinderzimmer

Eltern fühlen sich oft durch das Chaos im Kinderzimmer gestört, weil dadurch «ihre» Wohnung unordentlich aussieht. Sie fühlen sich verpflichtet, zur Ordnung zu erziehen. Also schreiten sie tagtäglich in bester Absicht ein.

Kinder denken und handeln anders als Erwachsene. Sie können sich ganz auf das Spiel mit der Eisenbahn konzentrieren – und anschließend sofort die Legosteine hervorholen. Was nicht heißt, dass sie auch nur im Traum daran dächten, deshalb die Eisenbahn wegzuräumen. Sie könnte ja im nächsten Moment wieder attraktiv werden.

Eltern sollten mit den Kindern um Kompromisse ringen: Bis wohin darf sich beispielsweise das Chaos ausdehnen, wo beginnt der geordnete Arbeitsplatz und wo der Wohnbereich der Eltern?

Kinder, die zum Zusammenräumen ermuntert werden und Unterstützung erfahren, übernehmen nach einiger Zeit von sich aus Verantwortung für ihren Lebensbereich.

Ordnung am Arbeitsplatz

Zum Arbeiten benötigt man Zubehör: Papier, Lineal, Bleistift und Anspitzer, Radiergummi, Filzstifte, Büroklammern etc.

«Wer Ordnung hält, ist nur zu faul zum Suchen» steht auf einem großen Zettel über Tills Schreibtisch. Demnach müsste er ja ein überaus fleißiger Knabe sein. Wenn er mit den Hausaufgaben anfangen will und im Wohnzimmer kein Platz für ihn ist, schiebt er alles beiseite, was ihn stört und was ihm im Weg liegt. Wenn er es braucht, sucht er eben. Manchmal findet er es recht schnell. Es kommt aber oft genug vor, dass er eine Viertelstunde nach einem bestimmten Buch fahndet.

Denn er muss nicht nur mathematische Gleichungen lösen, sondern auch einen Deutsch-Aufsatz schreiben, eine Englisch-Übersetzung anfertigen, ein Protokoll für Physik eintragen, Vokabeln lernen und ein Grammatikkapitel durcharbeiten. Für diese Aufgaben braucht er seine Bücher: Grammatikbuch, Lexikon, Physikbuch, Matheformeln und vieles mehr.

Wer wie Till alles gleichzeitig auf seinem Arbeitsplatz liegen hat, sieht, wie sich die Arbeit türmt. Sie droht den ganzen Tag zu versauen.

Also ist es sinnvoller, nur die Bücher und Hefte auf dem Tisch zu haben, die man gerade braucht. Die oft benötigten Dinge stehen in einem Regal neben dem Schreibtisch. Dazu gehören zum Beispiel der Rechtschreibduden, das Fremdwörterlexikon, Formelsammlungen, Wörterbücher, der Taschenrechner.

Werfen Sie nun bitte einen Blick auf den Arbeitsplatz Ihres Kindes!

Ordnung im Ranzen

Ordnung ist nicht unbedingt das halbe Leben – aber ein wenig Übersicht-lichkeit erleichtert einem Schulkind doch enorm das Lernen!

Die Grundschullehrerin Gabriele Wunderlich (1992, S. 52) berichtet aus ihrem Alltag. «Freitagmorgen, dritte Schulstunde. Die Klasse büffelt gerade über einem Arbeitsblatt. Nur Till kramt noch immer herum. Mal in seinem Ranzen, mal unter dem Tisch. Seine Suchaktionen verlaufen zunächst so lautlos, dass der Lehrer sie nicht bemerkt. Erst als der gesuchte Bleistift sich partout nicht finden lässt, wird es lauter um den Jungen herum.

Nun suchen beide: Lehrer und Schüler. Vor den Augen des Pädagogen breitet sich ein wahres Schlachtfeld von Arbeitsmaterialien aus. In Tills Ran-zen liegen nicht nur Hefte, Stifte und Bücher wild durcheinander. Nein, auch Pflanzenreste, Holzstückchen, Papier-Schnippelarbeiten und ein fetti-ges Butterbrotpapier füllen die Schultasche. Dass man in diesem Chaos kei-nen Bleistift finden kann, ist einleuchtend. Auch in der Ablage unter dem Schultisch sieht es nicht viel anders aus. Das Häkelmaterial für den Textil-unterricht liegt auf einem aufgeschlagenen Comic-Heft, bedrohlich nahe neben einer angebissenen Banane.

Wie immer kann man in derartigen Situationen auf unterschiedliche Weise reagieren. Mit böser Miene mahnt der Lehrer, zukünftig Ordnung im Ranzen und unter dem Tisch zu halten; er nimmt sich vor, nun wirklich das allerletzte Mal den ‹Notbleistift› herauszurücken. Oder aber der Lehrer sagt sich: Dieses Kind ist kein durchschnittlicher Schüler. Seine vorwiegenden Interessen liegen nicht unbedingt in der Wissensvermittlung. Er lernt durch Erfahrungen, die er in seinem Ranzen trägt wie andere Schüler ihre säuber-lich gepflegten Bücher. Eins steht fest: Die Teilnahme am Unterricht ist nicht ohne die Zuhilfenahme von Arbeitsmitteln möglich. Auf Bleistift, Buntstift, Klebstoff und Schere kann kein Lehrer verzichten.»

Also auch hier die Frage: Soll man zur Ordnung anhalten?

Um dem Kind nicht unnötige Probleme in der Schule zu bereiten, ist es sinnvoll, jeden Abend gemeinsam mit ihm den Ranzen auf Vollständigkeit der Materialien zu überprüfen und ein **persönliches** Ordnungssystem zu er-arbeiten, z. B. vorne Bücher und Hefte, hinten Federtasche und Frühstück.

Dadurch lässt sich der Stress mindern. Die Lehrerin rauft sich nicht mehr die Haare, Till hat alles dabei, und die Eltern haben dem Kind eine Brücke zur Ordnung gebaut.

Gabriele Wunderlich (1992, S. 53) hat tröstende Worte für die Eltern: «Ich kenne junge Erwachsene, die mit sechs oder zwölf Jahren wahrhaft keinen Sinn für Ordnung gezeigt hatten, bei denen man aber nun im Flur seine Schuhe ausziehen muss, um bloß den Teppich nicht zu beschmutzen.»

Ein geregelter Tagesablauf

Ein geregelter Tagesablauf hilft dem Kind, die vor ihm liegende Zeit zu überschauen. Ein Kind gewinnt dadurch auch an Sicherheit. Wenn es z. B. seine Hausaufgaben täglich zu einer festen Zeit erledigt, überwindet es Startschwierigkeiten leichter. Häufige Auseinandersetzungen zwischen Mutter und Kind über den Zeitpunkt von Hausaufgaben oder über den Termin für das Zubettgehen kosten Kraft und Nerven, die dann an anderer Stelle fehlen.

Aber es bleibt bei einer Gratwanderung, weil die Ordnung auch einen Zwangscharakter annehmen kann.

Ordnung im Kopf

Jochen und Monika Grell (1979) haben anschaulich beschrieben, was darunter zu verstehen ist.

Unser persönliches Wissen entsteht dadurch, dass unser Gehirn neue Informationen mit den bereits gespeicherten Informationen verbindet.

Der Wissensspeicher ist wie ein Schrank mit vielen Schubladen. Je mehr wir wissen, desto mehr Schubladen hat unser Speicherschrank und desto besser können wir neue Informationen einordnen. Die Aufschrift auf jeder Schublade macht deutlich, was hier eingeordnet werden darf, und sie macht auch deutlich, wo etwas rasch gefunden werden kann.

Den Wissensspeicher bezeichnen Psychologen als «kognitive Struktur». Damit ist das eben beschriebene System gemeint, das wir dazu benutzen können, neue Informationen schnell und dauerhaft in die alten Bestände einzuordnen. Allerdings unter der Voraussetzung, dass dort schon eine passende Unterabteilung (Schublade) vorhanden ist. Den Satz «Wirtschaftspolitisch besonders hervorgetreten sind die sogenannten Exportsubventionen» kann ich nur dann meinem Wissensspeicher einverleiben, wenn er eine geeignete Schublade aufweist («Wirtschaftspolitik»). Bleibt dieser Satz dagegen ohne jede Verknüpfung mit inhaltlich verwandten Sätzen isoliert für sich, werden wir uns nach einiger Zeit nur noch mit Mühe oder gar nicht mehr an ihn erinnern.

Unverbundene Details geraten also rasch in Vergessenheit. Das Lernen und Behalten neuer Informationen kann dadurch gefördert werden, dass der Lehrer die im Schüler vorhandene kognitive Struktur mobilisiert und ihm hilft, den neuen Wissensstoff so zu organisieren, dass dieser in das vorhandene Ordnungssystem eingefügt wird und in «seiner» Schublade einen sicheren (Gedächtnis-)Platz erhält.

Konkret gesprochen: Der Lehrer bietet dem Schüler z. B. einen Text an, der die Voraussetzungen zum Einordnen der neuen Fakten schaffen soll. Diese «Organisationshilfe» erinnert den Lernenden an diejenigen Schubladen seines Wissensspeichers, die zum aktuellen Thema passen.

Dann erst kommen die neuen Fakten auf den Tisch – und in die «zuständigen» Schubladen. So verankert das Gehirn des Schülers das Neue mit dem bereits Bekannten und macht aus einer Anzahl an sich bedeutungsloser Details einen sinnvollen, bedeutungsvollen Inhalt. So ist Ordnung entstanden.

«Wissen ohne Ordnung ist Hausrat auf einem Leiterwagen» (Jakob Lorenz, in Puntsch, o. J.).

«Soll ich dich mal abfragen?»

Wenn Eltern sich Zeit nehmen und gemeinsam mit ihrem Kind ein Stoffgebiet durchgehen, zeigen sie ihm zunächst: Du bist mir wichtig. Ich interessiere mich für deine Arbeit. Ich möchte dich unterstützen. Wie weit es den Lernstoff selber verstanden hat, merkt das Kind, wenn es ihn in eigenen Worten wiedergibt. Eltern sollten auch ruhig nachfragen. So lernt das Kind, auf eine Nachfrage zu antworten, und trainiert gleichzeitig für eine alltägliche Unterrichtssituation. Eltern sollten Gekonntes positiv vermerken und Anstöße geben, wenn es an einer Stelle hakt. Am Anfang des Abfragens stehen die Fragen: Wie lange soll's dauern? Und: Was alles soll abgefragt werden?

Wie versucht Frau Meyer zu helfen?

Die Schulleistungen von Till sind schlecht. Ist der Stoff zu schwer? Versteht er die Erklärungen des Lehrers nicht? Gibt es momentan Ärger mit den Freunden oder Ähnliches? Wenn das Gespräch in der Familie festgefahren ist, hilft ein Gespräch mit Außenstehenden. Zuerst mit dem Lehrer. Der vermittelt den Eltern seine Eindrücke aus dem Unterricht und zeigt vielleicht neue Sichtweisen auf. Auf dem Elternabend oder am Elternstammtisch tauschen die Erziehungsberechtigten sich untereinander aus. In anderen Familien gibt es ähnliche Probleme, und eventuell sind dort andere Lösungswege gefunden und erprobt worden, die man übernehmen könnte. Vielleicht finden die Eltern heraus, dass bestimmte Schwierigkeiten nicht auf individuellen Problemen einzelner Schüler beruhen, sondern andere Ursachen haben, z. B. in den schwer verständlichen Texten von Schulbüchern liegen (vgl. S. 54 ff.). Dann können sich Eltern bei der Auswahl und der Einführung neuer Schulbücher engagieren (vgl. Ottich und Kowalczyk 1992).

Tappen aber der Schüler, seine Eltern und seine Lehrer weiter im Dunkeln, dann sollten sie mit einem professionellen Berater, z. B. einem Schulpsychologen, zusammenarbeiten.

Schulstress bei Eltern und Kindern

«Hilfe bei den Hausaufgaben» und «zusätzliches Üben am Nachmittag» sind umstrittene Themen. Sie berühren eine grundsätzliche Frage. Sollen sich Eltern als Hilfslehrer betätigen? Unabhängig davon, wie immer diese Frage beantwortet wird, Tatsache ist: Es helfen immer mehr Eltern ihrem Kind irgendwie. Und dieses «irgendwie» führt oft zu Problemen.

«Du musst unbedingt üben!» oder
(Wie) können Eltern beim Fach Mathematik lernen helfen?

«Du musst unbedingt üben!» – diesen Satz können viele Schüler nicht mehr hören. Zu oft haben sie ihn schon in ihren Heften gelesen oder von den

Eltern gehört. Anfangs haben sie es auch wirklich probiert mit dem Üben zu Hause. Resigniert mussten sie aber feststellen, dass das auch nicht immer hilft. Liegt es am Kind, den Eltern, dem Üben, der Lehrerin oder …?

Wir wollen am Beispiel des Faches Mathematik einmal das Üben zu Hause beleuchten. Andrea Schulz (1996) skizziert die Situation so:

Zunächst einmal haben alle Kinder Hausaufgaben anzufertigen. Jungen und Mädchen mit Lernschwierigkeiten sitzen aber oft davor und wissen nicht, was zu tun ist. Meist ist ihnen schon der Ansatz unklar. Also müssen die Eltern irgendwie helfen. Natürlich wollen sie es gut machen und erklären ihrem Kind das mögliche Vorgehen so lange, bis sie meinen: Jetzt hat er (sie) es kapiert. Hilfe bei den Hausaufgaben ist eine Form des häuslichen Übens. Hinzu kommt dann noch das Üben z. B. vor einer Arbeit oder wenn bestimmte Rechenfertigkeiten noch nicht beherrscht werden. Und dabei gibt es oft Ärger. Die Folge: verzweifelte Eltern, Tränen und Verweigerung beim Kind.

Was und wie üben – wichtige Fragen

Ausschlaggebend ist, *was* und *wie* geübt wird. Und da werden die Eltern (und auch Schüler) zu oft allein gelassen. Besonders kritisch ist die Situation, wenn die Lehrerin dem Schüler durch eine Heftbemerkung dann auch noch unterstellt, er habe gar nicht oder zu wenig geübt.

In der Mathematik sollen Kinder, die nicht so weit und nicht so schnell wie ihre Klassenkameraden sind, durch zusätzliches Üben ihre «Rechenfertigkeiten» fördern. Man sagt, Rechenfertigkeiten würden sich vor allem durch Übung entwickeln. Ein Kind, das keine ausreichenden Rechenfertigkeiten besitzt und viel Zeit zum Lösen einer Aufgabe benötigt, hat eben nicht ausreichend geübt, war vielleicht nicht fleißig genug. Solches Denken führt zur Überbewertung häuslicher Übungen bzw. zu Fehlreaktionen auf Rechenfehler der Schüler. In Untersuchungen wurde immer wieder deutlich, dass die meisten Rechenfehler von Kindern auf ihren ungeeigneten oder falsch verstandenen Lösungsstrategien beruhen. Kinder denken sich beim Lösen von Aufgaben etwas (vgl. Röhrig 1996). Sie entwickeln ein Verfahren, das nach ihrem Verständnis stimmen könnte. Beim Üben wenden sie diese Strategien dann immer wieder an – und beherrschen sie schließlich perfekt. Wüssten sie, dass das Verfahren falsch ist, so würden sie es natürlich nicht anwenden. Kein Kind hat Freude daran, Fehler zu machen oder schlecht zu lernen. Werden Rechenaufgaben zu Hause geübt, nehmen die Eltern oft an, ein Kind verfüge bereits über die entsprechenden Fähigkeiten und müsse sich nur mehr anstrengen, um zum Erfolg zu kommen. Kinder mit Lernschwierigkeiten sind aber oft in ihrem Verständnisprozess noch gar nicht so weit. Ihnen fehlen noch wichtige Voraussetzungen, um eine Rechenstrategie einsichtig zu erlernen und dann bei entsprechenden Aufgaben gezielt einzusetzen.

Sind alle oder einige dieser Voraussetzungen noch nicht entwickelt, ist ein einsichtiges Lösen von Aufgaben schwierig. Es bleibt nur die Möglichkeit, Zeichen formal einzusetzen, unverstandene Regeln anzuwenden und bestenfalls auswendig zu lernen oder zählend Ergebnisse zu ermitteln. Werden Bedeutungen von Regeln nicht verstanden, bleiben sie nur schlecht im Gedächtnis haften. Üben von Aufgaben setzt also Verständnis voraus, und dieses wird durch formale Übungsketten nicht aufgebaut. Zu erkennen, wo Kinder in ihrem Verständnisprozess stehen und welche Voraussetzungen sie erworben haben, um Strategien zu erlernen, ist ein wichtiger Schritt, um Erfolge erzielen zu können. Das können Eltern oft ohne Kenntnis des gesamten Lernprozesses nicht leisten. Diese «Vorarbeit» liegt in den Händen des Lehrers. Üben zu Hause macht erst dann Sinn, wenn das nötige Verständnis bereits aufgebaut wurde und die Übungen dieses nun festigen und erweitern.

So weit ein grundsätzlicher Gedanke. Im Alltag muss man Kompromisse schließen. Auch wenn das Kind noch nicht alles verstanden hat, was in der Schule erarbeitet wurde, kann ihm das Wiederholen und Üben weiterhelfen. Andrea Schulz (1996) hat für Eltern einige Vorschläge zusammengestellt, wie sie ihr Kind dabei unterstützen können.

Ein Kind hat einen anstrengenden Tag hinter sich. Lernen ist Arbeit. Eine Pause vor den Hausaufgaben ist nicht nur nützlich, sondern auch notwendig. Das Interesse von Eltern sollte sich nicht nur auf Zensuren und Hausaufgaben beschränken. Genauso wichtig ist das gemeinsame Ansehen von Heften oder Büchern. Die Fragen der Eltern, durch die sie Interesse an der Arbeit ihres Kindes zeigen, sind wertvoller als Belehrungen und Korrekturen. So lernen sie die Erfahrungen und Gedanken der Tochter oder des Sohnes kennen – und vielleicht auch den Wissensstand. Nur dann weiß man, ob ein Kind Hilfe benötigt bzw. ob Missverständnisse auszuräumen sind. In der Wahl von Hilfsmitteln oder Lösungsansätzen sind Eltern oft überfordert. Sie wissen nicht, welche Strategien für ihr Kind zum jeweiligen Zeitpunkt günstig sind. Gerade bei Kindern mit Vorstellungsproblemen in Mathematik hängt z. B. von der richtigen Wahl und Verwendung des Arbeitsmittels sehr viel ab. Das Kind sollte deshalb die gleichen Arbeitsmittel für Hausaufgaben oder Übungsaufgaben zur Verfügung haben, die es auch in der Schule verwendet. Das erspart ein zusätzliches Umdenken. Eltern können sich in diesem Punkt von den Lehrern beraten lassen. Während die Schülerin oder der Schüler arbeitet, sollten Eltern nicht unaufgefordert «helfen» oder «korrigieren». Wenn sie stattdessen um einen begleitenden Kommentar bitten, hören sie von ihrem Kind, was es gerade tut und warum es das tut.

Viele Sorgen bereitet Eltern zum Beispiel das Thema «Auswendiglernen von Einmaleinsfolgen». Es gibt Kinder, die sich die Zahlensätze einfach nicht merken können oder diese immer wieder vergessen. Ohne Automatismen gelingt aber kein einsichtiges Lösen komplexer Aufgaben und wird auch kein entsprechendes Rechentempo erreicht. Der Hintergrund: Viele Kinder haben noch nicht genügend Handlungsvorstellungen zur Rechenoperation erworben. Zahlensätze ohne Bedeutung lassen sich nur schwer im Gedächtnis speichern. Eltern sollten in diesem Fall nicht versuchen, die Einmaleinsfolgen wie ein Gedicht auswendig lernen zu lassen, sondern dazu anregen, Aufgaben darzustellen. Zum Beispiel kann man Aufgaben mit Würfeln, Plättchen oder Pfennigen legen oder sie auch malen lassen. Dabei werden Strukturen deutlich. «Wir können die Aufgabe dann sehen.»

Einmaleinsaufgaben können gemeinsam in der Umwelt gesucht werden, im Haushalt, beim Einkaufen und während eines Ausflugs. Bedeutungen von Zahlensätzen lassen sich besser erfassen, wenn sie einen lebenspraktischen Bezug erhalten. Die Uhrzeit und das Taschengeld sind weitere Bezugspunkte für viele kleine Rechenaufgaben, die dem «echten Leben» entnommen sind und außerdem Spaß machen. Hilfe von Eltern bei den Hausaufgaben soll sich also, sofern sie notwendig ist, nicht auf Erklärungen, Tricks oder Korrekturen beschränken. Hilfreicher ist das gemeinsame Gespräch über Erfahrungen, Lösungsverfahren, Bedeutungen.

Weitere Beispiele aus dem täglichen Leben sind Schätzen und Messen beim Einkaufen, Kochen, Basteln oder Renovieren. Die hier dargestellten Anregungen lassen sich natürlich auch auf andere Fächer übertragen.

Neben den aktuellen Inhalten eines Faches spielen auch allgemeine Lern-fähigkeiten und Lernstrategien eine Rolle. Wie präge ich mir etwas ein? Wie arbeite ich konzentriert? Dazu eignen sich viele Spiele. Sie sollten der Al-tersstufe angemessen sein und Spaß machen. Rechenspiele helfen Kindern mit Lernschwierigkeiten im Mathematikunterricht zunächst gar nicht. Sie setzen ja Rechnenkönnen schon voraus. Gut geeignet sind dagegen Würfel-spiele, Puzzles, Memoryspiele, Bauen mit Bausteinen, Papier falten und an-dere Bastelarbeiten, Kartoffeldruck, Formen herstellen aus Ton oder Knete. Nach und nach können dann mathematische Inhalte in diese Spiele einbe-zogen werden. Zum Beispiel lässt sich ein Memoryspiel mit geometrischen Figuren oder mit Einmaleinsaufgaben gemeinsam herstellen.

Lernen will gelernt sein. Haben Kinder Schwierigkeiten beim Lernen, brau-chen sie Zuwendung, Hilfe und Unterstützung, aber auch Vertrauen in ihre Fähigkeiten. Eltern sind keine Hilfslehrer. Man kann nicht das, was die Schule nicht schafft, selbstverständlich an Eltern delegieren. Durch über-triebene oder falsche Übungen zu Hause wird nicht nur das Familienklima belastet, sondern auch die Lernfreude und die Motivation geschwächt. Der Satz «*Du musst unbedingt üben!*» gehört nicht in ein Schülerheft. Dagegen könnte im Lehrerkalender stehen: «*Du musst unbedingt Ulrike und ihre Eltern beim Üben beraten!*» Das macht Sinn und kann dem Kind wirklich helfen.

Auch Hausaufgaben sind zu lösen

Das Lösen von Aufgaben will gelernt sein. Versucht man es «irgendwie», sind die Ergebnisse in der Schule oft nicht brauchbar. Auch an dieser Stelle hilft Ordnung weiter.

So kriegt man die Hausaufgaben leichter in den Griff

Hausaufgaben zweckmäßig aufteilen – ein Dreistufenmodell

1. Stufe: Zunächst solche Aufgaben erledigen, die man gerne tut und die deshalb den Start erleichtern. Das sind Arbeiten für Fächer, die einem besonders liegen, für die man besonders leicht lernt und deren Erledigung ein erstes «Erfolgserlebnis» bringt.

2. Stufe: Danach wendet man sich schwierigeren Aufgaben zu, die mehr Konzentration und Ausdauer verlangen. So ist es z.B. bei Mathe-Aufgaben, Vokabellernen und Übersetzungen.

3. Stufe: Nun folgen Routinearbeiten: Wiederholungen, Lektüre, mündliche Vorbereitungen, Aufarbeitung der Mitschriften, praktische Arbeiten in musischen Fächern u.a.

Pausen einlegen und auf Abwechslung achten

Während kurzer Pausen von fünf bis zehn Minuten zwischen den Arbeitsphasen verankert sich der Stoff leichter im Gedächtnis; außerdem dienen sie dem Auftanken. Ähnlich wirksam wie eine Pause ist der Wechsel in ein anderes Stoffgebiet. Zwischen ähnlichen Lernstoffen, z.B. zwei Vokabelreihen für Englisch und Französisch, treten «Ähnlichkeitshemmungen» auf. «Brillant», «brilliant», «brillant». Was ist denn nun französisch, englisch, deutsch? Deshalb macht es Sinn, nacheinander unterschiedliche Aufgaben zu bearbeiten, z.B. zuerst Physik, dann Geschichte und schließlich Deutsch.

Einen festen Arbeitsplatz einrichten und regelmäßige Arbeitszeiten vorsehen

Ein aufgeräumter und gut ausgestatteter Arbeitsplatz ist eine Voraussetzung für den Beginn der Arbeit. Gewöhnung verhindert dabei Ablenkung: hier Arbeit, dort Spiel! Die Einplanung regelmäßiger Arbeitszeiten schafft Raum für Hobby und Freizeit.

Und wenn es ein Schüler nicht alleine schafft – sollen die Eltern helfen? Die pädagogische Literatur lässt uns hier leider im Stich. Es finden sich fast ebenso viele Aussagen dafür wie dagegen. Letztendlich muss also jeder Elternteil eine persönliche Entscheidung treffen. Becker u.a. (1980) haben hilfreiche Anregungen zusammengestellt. Diese Hinweise sind kleinschrittig abgestuft. Wählen Sie bitte nach einer ersten Übersicht die Punkte aus, die Ihnen weiterhelfen.

So helfen Sie Ihrem Kind bei den Hausaufgaben

Störende Einflüsse ausschalten
Z. B.: «Wir räumen erst auf, damit du Platz zum Arbeiten hast.»

Zum selbständigen Arbeiten auffordern
Z. B.: «Versuch es erst einmal allein, und wenn du gar nicht weiterkommst, helfe ich dir.»

Vermeiden Sie es, dem Kind voreilig Lernhilfen zu geben. Eigentlich soll es ja die Hausaufgaben allein machen. Wenn Sie ihm die Aufgabe aus der Hand nehmen, wird es bald bei jeder Aufgabe auf Ihre Hilfe warten.

Sich zuversichtlich zeigen
Z. B.: «Manchmal denkt man, die Aufgabe ist ganz schwer, und dann schafft man es auf einmal doch. Probier es doch erst einmal.»

Spielen Sie den Schwierigkeitsgrad einer Aufgabe nicht herunter, sondern erklären Sie dem Kind, dass Anstrengungen oft mit Erfolg belohnt werden und dass Sie Vertrauen in seine Bemühungen setzen.

Sich die Aufgabenstellung erklären lassen
Z. B.: «Erzähl mal in aller Ruhe, was du machen sollst.»

Nur wenn Ihnen die Aufgabenstellung bekannt ist, können Sie sachbezogen Lernhilfen geben.

Die Aufgabenstellung genauer erklären lassen
Z. B.: «Kannst du mir das noch genauer beschreiben?»

Muss das Kind die Aufgabenstellung präzisieren, findet es manchmal selbständig einen Lösungsweg.

Sich über den Unterricht informieren

Z. B.: «Weißt du noch, welche Aufgaben ihr in der Schule gerechnet habt?»

Beschreibt das Kind mit eigenen Worten noch einmal den Unterrichtsverlauf und erinnert es sich dabei an die verschiedenen Aktivitäten, dann findet es manchmal eher eine Methode der Erarbeitung oder einen Lösungsweg.

Erforderliche Vorkenntnisse erfragen und eventuell auffrischen

Z. B.: «Weißt du eigentlich, wie man mit dem Winkelmesser umgeht?»

Die Auffrischung von Vorkenntnissen, die nicht mehr abrufbar sind, ist häufig sehr zeitintensiv und überschreitet das vertretbare Maß der Hausaufgabenbetreuung. Wenn Sie z. B. feststellen, dass Ihr zwölfjähriger Sohn die Grundrechenarten nicht beherrscht, lässt sich ein solches Lerndefizit nicht kurzfristig ausgleichen. Die Rücksprache mit dem betreffenden Lehrer sowie eine kontinuierliche Wiederholung sind in solchen Fällen erforderlich.

Einen Lernschritt vorgeben

Z. B.: «Vielleicht kannst du alleine weiterarbeiten, wenn ich dir ein Beispiel gebe?»

Oft liegt nur eine momentane Blockierung vor. Das Kind ist müde, hat keine Lust oder ist nur wenig motiviert. Mit einem Beispiel, dem ersten Schritt eines Lösungswegs oder einem Hinweis zum möglichen Arbeitsablauf kann das Kind auf die Spur gebracht werden.

Zur Selbstkorrektur auffordern

Z. B.: «In der Aufgabe ist ein Rechenfehler, schau nochmal nach.»

Wird das Kind immer wieder zur Selbstkorrektur angehalten, dann steigt die Wahrscheinlichkeit, dass es später die Aufgaben eigenständig bewältigt. Fremdkorrektur führt zur Abhängigkeit vom Betreuer. Ein selbst gefundener Fehler ist in den Augen des Kindes gar kein richtiger Fehler, er wird auch nicht als gravierend empfunden.

Für gezeigte Lernleistungen loben

Z. B.: «Die Zeichnung gefällt mir gut, sie ist vollständig und schön beschriftet.»

Sagen Sie dem Kind möglichst genau, was es besonders gut bzw. weniger gut gemacht hat, damit es weiß, worauf es ankommt. Wir unterscheiden zwischen allgemeinem Lob (hm, gut, genau) und differenziertem Lob. Dabei teilt man genau mit, was nun gut oder schlecht, richtig oder falsch war. Diese Form wirkt sich besonders positiv aus.

Zum Nachdenken anregen

Z. B.: «Ich überlege mir, warum dir die Aufgabe Schwierigkeiten bereitet.»

Wenn das Kind seine Schwierigkeiten in Worte fasst, erfahren Sie am schnellsten, wo es hakt.

Verständnis zeigen

Z. B.: «Ich verstehe ja, dass du lieber etwas anderes machen möchtest, aber später bereiten dir die Aufgaben noch mehr Mühe.»

Akzeptieren Sie die negativen Gefühle Ihres Kindes. Sagen Sie ihm eventuell auch, was Sie selbst fühlen: «Ich würde eigentlich auch lieber etwas anderes machen. Aber jetzt helfe ich dir erst einmal bei den Hausaufgaben.»

Das Durchsehen der Hausaufgaben anbieten

Z. B.: «Wenn du willst, rechne ich später die Aufgaben nach.»

Dies kommt nur in Betracht, wenn die Aufgaben aller Voraussicht nach von dem Kind selbständig gelöst werden können.

Und wenn es viel zu lange dauert: «Feierabend!»

Z. B.: «Du hast dich wirklich bemüht und bist jetzt müde. Ich schreibe ein paar Zeilen an Herrn Bernstorf und bitte ihn, dass er dir die Aufgabe noch einmal erklärt.»

Wenn sich eine deutliche Überforderung Ihres Kindes abzeichnet, sollten Sie von sich aus die Arbeit abbrechen.

Und daran kann man auch denken:

Die Tagesleistungskurve

Jeder Mensch fühlt sich zu bestimmten Tageszeiten «besonders gut drauf», zu anderen Tageszeiten eher schlapp und müde. Am frühen Nachmittag, wenn viele Schüler ihre Hausaufgaben erledigen, zeigt die Leistungskurve eher nach unten. Deshalb wäre der späte Nachmittag besser geeignet, um erfolgreich zu arbeiten. Aber es wird nicht klappen, konzentriert Hausaufgaben zu machen, wenn man genau weiß, dass draußen die Freunde spielen. Wenn also am frühen Nachmittag die Hausaufgaben erledigt werden, sollte diese Situation zumindest so gestaltet werden, dass man sich über das Leistungstief hinwegsetzen kann (siehe Tipps auf Seite 60 ff.).

Gründen Sie einen « Hausaufgaben-Club »

Manche Schüler können sich nur schwer dazu durchringen, mit den Hausaufgaben zu beginnen und dann die gesamte Zeit durchzuhalten, andere Schüler wiederum wollen die Hausaufgaben nicht unter Aufsicht ihrer Eltern machen, und eine weitere Gruppe braucht bei den Hausaufgaben Hilfe. Alle diese Schüler tun sich leichter, wenn sie es schaffen, Hausaufgaben in einer kleinen Gruppe – aber unter der Regie eines Elternteils – zu erledigen, in der sie sich gegenseitig unterstützen können. Allerdings: Eine Hausaufgabengruppe ist kein Abschreibe-Club. Vom bloßen Abschreiben lernt niemand den Unterrichtsstoff. Abschreiben ist ein automatischer Vorgang. Die Konzentration richtet sich auf die Erledigung des Schreibens, aber nicht auf den Inhalt. Vom Inhalt bleibt beim Abschreiben fast nichts hängen. Die Gruppe sollte sich auf einen Leiter verständigen, der als erstes die Hausaufgaben vorliest, die zu erledigen sind. Die anderen können dann ihre Aufzeichnungen vergleichen. Die Gruppe verabredet, in welcher Reihenfolge die Hausaufgaben gemacht werden, und unterteilt die in einem Fach gestellten Aufgaben möglicherweise in kleinere Häppchen. Es wird auch festgestellt, ob jemand von vornherein glaubt, eine bestimmte Aufgabe nicht zu können. Dann erklärt einer und die anderen hören zu oder einer sucht nach Hilfe. Anschließend werden die Ergebnisse verglichen. Jetzt bleibt noch Zeit, Fehler zu korrigieren und Aufgaben zu erledigen, die bisher noch nicht gemacht wurden.

Der Wert eines Hausaufgaben-Clubs liegt vor allem darin, dass eventuelle Verständnisprobleme in einem Kreis von Gleichgesinnten besprochen werden. Die Ergebnisse werden sofort kontrolliert, und jeder bekommt die Rückmeldung, ob er den Stoff verstanden hat. Schüler sind nicht allein bei den Aufgaben, zwischendurch gibt es also etwas zu lachen, man kann mal lästern oder Dampf ablassen. Die Erledigung der Hausaufgaben zusammen mit Freunden geht aber auf keinen Fall schneller. Eher dauert es etwas länger. Dafür ist man den Aufgaben nicht alleine hilflos ausgeliefert, sondern hat Freunde, mit denen man was klären kann. Hausaufgabenrunden bewahren einen Schüler möglicherweise davor, zu einem Nachhilfeinstitut zu laufen.

Achtung! Eine Klassenarbeit ist in Sicht!

Eigentlich bräuchten die Eltern auch in diesem Bereich nicht mit ihren Kindern zu üben, wenn die Lehrer die Klassenarbeiten so vorbereiten würden, wie dies im Kapitel «Dauerbrenner Hausaufgaben» (Seite 76 ff.) beschrieben wird.

Schülerinnen und Schüler sollten sich bemühen, rechtzeitig Informationen zu erhalten. Dies baut Ängste ab. Sie sollten sich beim Lehrer erkundigen, wie er mit schriftlichen Lernkontrollen umgeht. Kündigt er die jeweilige Arbeit eine Woche vorher an? Achtet er darauf, dass an einem Tag nur eine schriftliche Überprüfung und innerhalb einer Woche nur drei Arbeiten zulässig sind? Auch wenn nicht alle Antworten nach dem Geschmack der Klasse ausfallen sollten: Die rechtzeitige Absprache ist nötig, damit sich alle darauf einstellen können. Die sorgfältige Vorbereitung mit Hilfe eines Terminplans nimmt dem Schüler ebenfalls Druck von den Schultern («Das alles müsste ich noch wiederholen, aber übermorgen schreiben wir ja schon!»).

Mit dem Lernen verhält es sich wie mit dem Essen. Mehrere kleine, leichte Mahlzeiten, ausgewogen und nicht zu fett, kann der Magen hervorragend verdauen. Man fühlt sich gut, kann sich bewegen, alles ist optimal. Aber wehe man schlägt sich ordentlich den Bauch voll. Der Magen nimmt einem das sehr übel, er fühlt sich überlastet. Und genau so geht es dem Kopf. Wenn er überfüttert ist, bekommt er Verdauungsprobleme. Er blockiert, weil er all die Informationen nicht mehr verarbeiten kann, und man spürt schnell, wie sich die Muskeln anspannen und die Unruhe zunimmt. Es entsteht das Bedürfnis, aufzustehen und die Arbeit einfach liegen zu lassen.

Für die Vorbereitung einer Klassenarbeit gehört also an die erste Stelle ein vernünftiges Zeitmanagement. Sofort nach der Ankündigung einer bevorstehenden Arbeit macht man einen Plan, wie der zu lernende Stoff in kleine Häppchen aufgeteilt und gelernt werden kann.

Erzählen

Hilfreich für das Verständnis ist, wenn Schüler die Möglichkeit haben, alles, was sie gelernt haben, zu erzählen. Sie sind dann gezwungen, die Inhalte noch einmal sehr genau zu durchdenken und in eine sinnvolle Reihenfolge zu bringen. Der Gesprächspartner kann nachfragen, wenn ihm noch etwas unklar ist. Und der Erzählende erkennt, was er wiederholen sollte. Wenn zu Hause keiner zuhören kann, besteht die Möglichkeit, einen Freund oder eine Freundin anzurufen und das Gelernte am Telefon zu besprechen. Notfalls kann man den Lernstoff auf Band sprechen und sich dann selbst zuhören, indem man das Band noch einmal ablaufen lässt.

Schummelzettel schreiben

Diese Methode gibt es, seit es Schüler gibt. Sie ist gleichzeitig eine sinnvolle und sehr wirksame Klassenarbeitsvorbereitung. Am besten zieht man die wichtigen Punkte aus dem Lernstoff heraus und macht daraus eine Gedächtnislandkarte (Mindmap, vgl. z. B. S. 54). Durch die intensive Beschäftigung mit dem Stoff verankert sich das Gelernte leichter im Gedächtnis, und den gesamten Stoff in dieser Form zu verknappen bedeutet, dass man alles verstanden haben muss. Außerdem ist es eine kreative Leistung, weil das Aufzeichnen auch die Phantasie herausfordert. Witzigerweise verleiht so ein Zettel während der Klassenarbeit Sicherheit, auch wenn er zu Hause vergessen wurde (Mogeln verboten!). Er taucht mühelos vor dem geistigen Auge wieder auf.

Der Tag vor der Arbeit sollte der Erholung dienen, also von Paukerei freigehalten werden, stattdessen Bewegung an frischer Luft, Bereitlegen der Materialien für den nächsten Tag, am Abend Verzicht aufs Fernsehen. Denn intensive neue Eindrücke können das Gelernte überlagern oder sogar löschen.

Dann kann der Schüler am nächsten Morgen der Klassenarbeit gelassen entgegensehen. Und die Eltern mit ihm. Wenn sie darauf geachtet haben, ihn nicht durch Hektik und sorgenvolle Kommentare noch nervöser und ängstlicher zu machen, als er ohnehin schon ist. Prüfungsangst vermindert die Leistungsfähigkeit.

Aber die Eltern sollten auch nicht gedankenlos darüber hinweggehen, dass eine Arbeit bevorsteht. Für ihr Kind wird das eine echte Bewährungsprobe sein; da ist es schon angebracht, sich zu kümmern. Versprechungen («Für eine Zwei bekommst du…») wie Drohungen («Wenn du wieder eine

Fünf schreibst…») sind gleichermaßen ungeeignet, weil sie im Schüler Angst hervorrufen. Und sei es die Angst, die «Prämie» zu verscherzen.

Eine große Hilfe ist für das Kind dagegen das Gefühl, auch bei einem Versagen in der Schule entziehen ihm die Eltern noch lange nicht die Liebe.

Pillen und Tabletten sollten aus dem Spiel bleiben. Damit verbessert man keine Noten. Und wenn doch, ist der Preis dafür zu hoch. Bei Nervosität oder körperlichen Beschwerden aufgrund der Prüfungsangst ist eine Beratung durch den Hausarzt sinnvoll.

Wenn Eltern Fragen zur Klassenarbeit selbst oder zur Benotung haben, sprechen sie am besten direkt mit dem Lehrer. Vielleicht bietet auch der kommende Elternabend Gelegenheit zu ausführlichen Erörterungen. So unterbleibt jedenfalls Lehrerschelte in Gegenwart des eigenen Kindes. Dadurch würde dessen Beziehung zum Lehrer nur noch zusätzlich belastet.

Eltern als Anwalt ihres Kindes

Die Schule wird organisiert mit Hilfe bestimmter Rechts- und Verwaltungsvorschriften. Sie regeln z. B., wie viele Klassenarbeiten in einem Fach pro Schuljahr geschrieben werden müssen. Sie regeln weiterhin, wie viele schriftliche Arbeiten pro Tag und pro Woche sein dürfen, wann diese Arbeiten zurückzugeben sind und wann gegebenenfalls eine Arbeit zu wiederholen ist. Obwohl es diese Regelungen gibt, werden sie nicht immer eingehalten. Eltern können darauf reagieren, wenn sie feststellen, dass durch Verstöße gegen bestehende Rechts- und Verwaltungsvorschriften Nachteile für ihr Kind entstehen. Es ist jedoch immer hilfreich, wenn dies in einer angemessenen und freundlichen Form geschieht, sodass keine Kampfsituation entsteht.

Jetzt muss jemand anderes ran.
Nachhilfe: Wann? Wie?

Manchmal (und gar nicht so selten) muss Nachhilfe sein. Damit diese Hilfe nicht zum Reinfall wird, hier einige hilfreiche Tipps.

Eltern zahlen rund 30 Millionen «heimliches» Schulgeld pro Woche

Fast jeder fünfte Jugendliche im Westen erhält Nachhilfeunterricht. Dies ergab eine Studie der Bielefelder Erziehungswissenschaftler Klaus Hurrelmann und Andreas Klocke. Die Eltern gaben dafür im vergangenen Schuljahr zwischen 150,– und 200,– DM monatlich aus. Sie reagierten mit der hohen Investition in Nachhilfe auf die gestiegenen Qualifikationsanforderungen der Berufswelt. Nachhilfe geben nicht nur Lehrer, Studenten und Schüler als Nebenerwerb, sondern zunehmend kommerzielle Institute. Für die Bildungswissenschaftler bedeutet dies, dass es neben dem offiziellen Schul-«Markt» ein weites Feld im privaten Sektor gibt. Weiterhin sehen die Wissenschaftler darin «einen Schritt in Richtung der Privatisierung des Bildungssystems».

(In: SchulVerwaltung [NI] 2/96, S. 55)

Die Zwischenzeugnisse bringen es häufig an den Tag: In mehreren Fächern liegen schwache Schulleistungen vor. Dann gilt es, die Mängel auszubügeln. Oft empfehlen Lehrer den Eltern, sie sollten für ihre Kinder Nachhilfe organisieren. Der Erfolg dieser Aktion hängt jedoch davon ab, wie sorgfältig im Vorfeld nachgedacht und entschieden wurde.

Wann ist Nachhilfe sinnvoll?

Grundsätzlich gilt: Eine Nachhilfe macht dann Sinn, wenn sie an den wirklichen Schwierigkeiten ansetzt. Zuerst wäre also zu klären, wie die schwachen Leistungen des Kindes in der Schule zustande gekommen sind. Liegen die Ursachen klar vor Augen, können die Eltern einschätzen, ob diese Art der Hilfestellung angebracht ist oder ob andere Maßnahmen nötig sind.

Konkrete Fragestellungen helfen weiter. Auch die Ziele sollten klar formuliert sein. Geht es darum, Defizite aufzuarbeiten und Lücken zu schließen? Soll auf Klassenarbeiten vorbereitet werden? Ist der zusätzliche Unterricht mehr als Hausaufgabenbetreuung gedacht? Oder soll dadurch der aktuelle Stoff ein weiteres Mal durchgearbeitet werden, weil die Schülerin oder der Schüler öfter eine Wiederholung braucht? Werden diese Fragen vor dem Beginn der Nachhilfe geklärt, schützt man sich vor Enttäuschungen und Ärger. Ebenso nachdrücklich sei das Gespräch mit dem Klassen-, Beratungs- oder Vertrauenslehrer empfohlen, um die Ursachen der Leistungsschwächen zu erörtern.

Nach den Erfahrungen der Aktion Bildungsinformation e. V. (ABI), auf deren Empfehlungen wir hier zurückgreifen, ist Nachhilfeunterricht sinnvoll, wenn

- ein Schüler wegen Krankheit gefehlt hat,
- die Aufnahmefähigkeit eines Schülers wegen familiärer Schwierigkeiten (Krankheit oder Tod von Eltern, Scheidung) beeinträchtigt ist,
- gravierende äußere Unzulänglichkeiten vorliegen (häufiger Lehrerwechsel, Unterrichtsausfall, zu hohe Klassenfrequenzen).

Nachhilfe sollte immer vorübergehender Natur sein. Sie wirkt sich dann unheilvoll aus, wenn sie zur Dauereinrichtung wird und die Kräfte des Schülers ständig überfordert. Besonders wichtig: Bei Teilleistungsstörungen (Lese-/Rechtschreibschwäche, Rechenschwäche) ist unbedingt eine Beratung durch den Lehrer oder eine Bildungsberatungsstelle erforderlich.

Die eigenen Eltern kommen als Nachhilfelehrer kaum in Frage. Nicht, weil ihnen die sachlichen Voraussetzungen fehlen würden, sondern weil sie eben in erster Linie Eltern und keine Lehrer sind. Das Verhältnis zu ihrem Kind ist anders geartet, emotionaler als das eines externen Nachhilfelehrers zu seinem Schüler. Das «innige» Verhältnis der Eltern zum Kind wirkt sich bei der Eigennachhilfe nicht förderlich, sondern eher hemmend aus. Eine sonst gute Beziehung kann durch Ungeduld oder Gereiztheit von Mutter oder Vater sogar Schaden erleiden.

Die durch eine außerfamiliäre Person erteilte Nachhilfe wird wesentlich dadurch bestimmt, dass nicht nur Sachautorität, sondern auch eine gewisse Distanz gegeben ist. Diese wirkt sich positiv auf die Motivation des Schülers aus. Der externe Nachhilfelehrer sollte möglichst durch eine Empfehlung (der Schule, eines Lehrers oder Mitschülers) gefunden werden. Er hält dann während dieser Zeit den Kontakt mit dem Fachlehrer und mit der Schule aufrecht und orientiert sich dort laufend über alle wichtigen Fragen.

Einzelnachhilfe eignet sich besonders bei individuellen Problemen oder eng begrenzten Schwierigkeiten (Lernstoffaufarbeitung bei Schulwechsel; Lücken aufgrund von Krankheit).

Einzelnachhilfelehrer sollten möglichst per Empfehlung (z. B. von Lehrkräften einer anderen Schule, aber derselben Schulform) gefunden werden. Ein großer Vorteil der Einzelnachhilfe besteht darin, sie bei Unzufriedenheit, Unfähigkeit des Lehrers oder einfach bei Misserfolg sofort abbrechen zu können.

Was kostet das Ganze?

Bei Schülerinnen oder Schülern höherer Jahrgänge oder bei Studenten: zwischen DM 15,– und 25,– pro Stunde. Wenn ein Lehrer unterrichtet: zwischen DM 20,– und 30,– pro Stunde, je nach Qualifikation, fachlicher Anforderung oder Wohnort.

Grundsätzlich ist Gruppennachhilfe der Einzelnachhilfe vorzuziehen. Die Ängste mancher Eltern, andere Personen könnten von diesen Bemühungen erfahren, treten deutlich zurück, da mehrere Gleichgesinnte in einer Gruppe sind und die Tätigkeit dort eher den Charakter einer Arbeitsgemeinschaft hat. In der Gruppe können auch Schüler als «Lehrer» eingesetzt werden. Durch das ausführliche Erklären lernen sie selbst den Stoff besonders gut verstehen. Die größere Vielfalt der in der Gruppe besprochenen Probleme bringt schließlich jeder Schülerin und jedem Schüler eine Fülle an Anregungen und hilfreichen Tipps.

Innerhalb der Schule können der Elternbeirat, die Schülermitverwaltung und der Beratungslehrer Kontakte zueinander herstellen und eine Nachhilfegruppe einrichten.

Als externe Träger für die Organisation von Nachhilfegruppen lassen sich gemeinnützige Einrichtungen gewinnen (z. B. Arbeiterwohlfahrt, Caritas, Kolpingwerk, Volkshochschule). Die Beitragshöhe beträgt dann je nach Gruppengröße zwischen DM 4,– und 6,– pro Unterrichtsstunde.

Nachhilfeinstitute sollten sorgfältig geprüft werden

Marktbeobachtungen der Aktion Bildungsinformation haben ergeben, dass ca. 65 % (!) aller Nachhilfeinstitute mit unzulänglichen oder sogar unseriösen Mitteln arbeiten. Deshalb sollten Eltern vor Abschluss eines Vertrages auf die folgenden Punkte achten.

Unseriöse Institute geben sich häufig einen offiziösen Anstrich («genehmigte Schule», «anerkannte Schule», «Schularbeitsgemeinschaft», «Förderschule»), um den kommerziellen Charakter zu verschleiern.

Vorsicht bei Vertretern, die an der Haustür erscheinen und behaupten, sie kämen von der örtlichen Schule! Der Einsatz von Vertretern ist in der Regel ein erstes Anzeichen für die Unseriosität eines Instituts.

Vorsicht auch bei Inseraten, die nur eine Telefonnummer – also keine Adresse – aufweisen. Wer anruft, wird in ein geschickt aufgebautes Verkaufsgespräch verwickelt und kann Behauptungen und Versprechungen nicht nachprüfen – und in einem späteren Streitfall nicht beweisen.

Seriöse Institute erkennt man daran, dass sie Anmeldebedingungen und Vertragsunterlagen mit nach Hause geben, wo die Eltern in Ruhe und «ohne Druck» zunächst alles nachlesen und dann entscheiden können.

Langfristige Verträge ohne ordentliche Kündigungsmöglichkeit sollten nicht unterschrieben werden.

Viele Institute versuchen sogar, gesetzlich vorgesehene außerordentliche Kündigungsmöglichkeiten (z. B. bei längerer Krankheit, Umzug, Vertrauensverlust) durch ihre Vertragsbedingungen im Kleingedruckten auszuschließen. Verträge sollen kurzfristig, d. h. monatlich, allenfalls vierteljährlich, kündbar sein. Haustürgeschäfte können seit dem 1. 5. 1986 widerrufen werden, sofern ein unaufgeforderter Vertreterbesuch vorliegt. Es empfiehlt sich auch, eine Probezeit oder Probestunde zu vereinbaren. Ein Institut, das auf sich hält, wird darauf eingehen.

Bei Einzelstunden sind Preise bis zu DM 40,– pro Stunde angemessen; allerdings nicht, wenn ganze «Pakete» (z. B. ein 100-Stunden-Block) abgenommen werden müssen.

Bei Gruppennachhilfe sollte der oft verklausulierte Gesamtpreis unter Berücksichtigung der angegebenen Schülerzahl auf eine Stunde umgerechnet werden. Einnahmen von über DM 100.– pro Stunde für das Institut sind unangemessen, insbesondere bei solchen Veranstaltern, die langfristige Verträge haben.

Auch auf die pädagogischen Rahmenbedingungen sollten Sie ein Auge werfen. Zu diesem Aspekt nennt die Aktion Bildungsinformation (ABI) ebenfalls eine Reihe negativer Beobachtungen. Achten Sie deshalb auf Folgendes:

Die Gruppe darf nicht zu groß sein. Wenn individuell gefördert werden soll, nicht größer als 5–10 Schüler; bei reinen Paukkursen, z. B. für Prüfungen, nicht mehr als 20–25 Schüler.

Die Gruppe soll gleichartig sein. Das «Zusammenwürfeln» verschiedener Fächer, Altersstufen und Schularten in eine gemeinsame Gruppe ist aus pädagogischer Sicht abzulehnen. Sinnvoll ist nur die Gruppenbildung für ein bestimmtes Fach aus einer bestimmten Altersstufe der gleichen Schulart.

Der Unterricht soll in Räumen stattfinden, die entsprechend groß und mit geeignetem Mobiliar ausgestattet sind. Konzentriertes Arbeiten erfordert außerdem eine ruhige Lage dieser Räume.

Das Lehrpersonal soll qualifiziert sein. Ausgebildete Lehrerinnen und Lehrer mit Unterrichtserfahrung wissen eher, worauf es ankommt und wie durch gezielte Förderung der größtmögliche Effekt erzielt wird.

Der Nachhilfelehrer sollte unbedingt Kontakt mit der Schule des jeweiligen Schülers haben. Dadurch erhält er die notwendigen Informationen und wird – was grundsätzlich wünschenswert ist – indirekt kontrolliert.

Wie kommt man aus dem Vertrag mit einem Nachhilfeinstitut wieder heraus?

Normalerweise ist im Streitfall das Institut dem Bürger überlegen, da es über mehr juristische Erfahrungen und auch über eigene, kompetente Rechtsanwälte verfügt. Die ABI (Aktion Bildungsinformation) nennt folgende Möglichkeiten, um aus solchen Verträgen wieder herauszukommen:

Anfechtung wegen arglistiger Täuschung nach § 123 BGB
Dies ist möglich, wenn beispielsweise der Vertreter falsche Angaben beim Abschluss des Vertrages gemacht hat.

Kündigung aus wichtigem Grund nach § 626 BGB

Dies kann zutreffen bei Umzug in einen anderen Ort, bei längerer Krankheit oder aus ähnlichen Gründen.

Fristlose Kündigung ohne Angabe von Gründen nach § 627 BGB («Dienste höherer Art»)

Nach Meinung der ABI handelt es sich bei Unterricht wegen des dafür erforderlichen hohen Vertrauensvorschusses seitens der Eltern grundsätzlich um «Dienste höherer Art».

Unwirksamkeit des Vertrages nach § 333 BGB

Eine schriftliche Vereinbarung zum Nachhilfeunterricht ist in der Regel ein Vertrag «zugunsten Dritter». Dieser Dritte ist meist der Sohn oder die Tochter. Deshalb müssen beide Elternteile zustimmen. Verweigert einer der Elternteile die Unterschrift, ist der Vertrag nichtig.

Er ist weiterhin unwirksam, wenn der begünstigte Dritte – also das Kind – die ihm aus diesem Vertrag zustehenden Rechte zurückweist, d.h. den Kurs nicht annehmen will.

Der Widerruf von Haustürgeschäften ist möglich, sofern ein unaufgeforderter Vertreterbesuch vorliegt. Diese Klausel gilt seit dem 1.5.1986.

«Es hat nicht geklappt!» Was dann?

Rat und Hilfe sollten Schüler und Eltern immer zunächst beim jeweiligen Fachlehrer suchen. In einigen Fällen haben kleine Tipps schon eine große Wirkung.

Als Beispiel hier die Empfehlungen eines Mathematiklehrers (Bothe 1997, S. 10):

«Schwierigkeiten in der Mathematik gibt es immer dann, wenn man den Faden verloren hat. Hier ein Tipp, wie du möglichst schnell wieder zurechtkommst:

– Rechne an jedem Tag, an dem du Mathematik hattest, einige Aufgaben noch einmal Schritt für Schritt durch. Zehn Minuten reichen.
– Wenn du dabei an einen Punkt kommst, der dir nicht mehr klar ist, markiere diese Stelle.

– Bitte in der Schule deinen Mathematiklehrer, dir diese schwierige Stelle zu erklären.

Ich jedenfalls freue mich sehr, wenn meine Schülerinnen und Schüler zu Hause einige Aufgaben so nacharbeiten.»

Bleiben mehrere Versuche, Abhilfe zu schaffen, vergeblich, sollten sich die Eltern mit ihrem Kind an einen Schulpsychologen wenden. Zu seinen diagnostischen Möglichkeiten gehört auch eine Überprüfung der Leistungsfähigkeit. Lernt das Kind an der richtigen Schule? Ein Schulwechsel kann verhindern, dass ein Schüler, der permanent überfordert ist, völlig resigniert und alle Lust am Lernen verliert.

«Bei mir kapieren sie es!»
Lehrer fördern ihre Schüler

Das Heft 6/1993 der Zeitschrift «PraxisSchule 5–10» hatte das Schwerpunkt-thema «Arbeitstechniken lehren und lernen». Uwe Sandfuchs, der diese Aus-gabe maßgeblich mitgestaltet hat, zitiert in seinem Beitrag den Deutschen Bildungsrat, der bereits 1970 forderte: «Je rascher alte Fakten und Einsichten durch neue überholt werden, umso mehr wird das Erlernen der Arbeits- und Forschungsmethoden eines Faches auch in der Schule an Bedeutung gewin-nen...» Gemeinsam mit Babette Burgtorf bemerkte er dann in eigener Sache:

Eine Bemerkung in eigener Sache

Bezeichnenderweise war auch die Planung und Gestaltung unseres Themenschwerpunktes «Arbeitstechniken lehren und lernen» mit einigen Schwierigkeiten verbunden. Die angesprochenen Autorinnen und Autoren waren gebeten worden um Aussagen zur Systematik und Bedeutung von Arbeitstechniken in ihrem jeweiligen Unterrichtsfach sowie um ein praktisches Beispiel, das eine dieser fachtypischen Arbeitstechniken – nicht das Thema – zum Mittelpunkt haben und beschreiben sollte, *wie* diese Technik vermittelt werden kann, *wie* Schüler/innen diese Technik erlernen. Das gelang nicht in allen Fällen – und zudem spiegeln sich in den jetzt vorliegenden Einzelbeiträgen teilweise auch die in diesem Basisartikel angesprochenen Probleme wider.

Wir hoffen aber, dass vielleicht gerade dadurch der Themenschwer-punkt zu einer persönlichen Standortbestimmung anregt und die Möglichkeit bietet, den Stellenwert von Arbeitstechniken im eigenen Unterricht zu erhöhen bzw. als «angemessen» zu beurteilen und zu erhalten.

Babette Burgtorf/Uwe Sandfuchs

(In: PraxisSchule 5–10, Heft 6/1993, S. 8)

Die Bemerkung verdeutlicht, dass die Umsetzung guter Ideen nicht so einfach ist. Sie gibt aber auch Anlass, über einen anderen Aspekt nachzudenken. Ist der versteckte «öffentliche Rüffel» an die Adresse einiger Mitautoren sinnvoll? Wäre nicht ein anderer Umgang wünschenswert?

Zuerst eine gute Arbeitsatmosphäre schaffen – dann Lerntechniken einüben

Eine Untersuchung der Universität Dortmund aus dem Frühjahr 1995 hat es an den Tag gebracht: Von den befragten 2000 Schülerinnen und Schülern der Mittelstufe fühlt sich nur ein Viertel von ihren Lehrern gleich behandelt; aber eben diese Gerechtigkeit wünschen sich drei Viertel.

Nur für zehn Prozent ist der Lehrer eine Vertrauensperson. Dass er es sein sollte, meinen sechzig Prozent. Ähnliche Ergebnisse in der Rubrik «Gefühl der Geborgenheit». Lediglich zwanzig Prozent geben an, die Lehrer bemühten sich darum, fast sechzig Prozent hätten es gerne so.

«Was den Schülern zu schaffen macht, ist die Schere zwischen dem, wie sie sich ihre Lehrer wünschen, und dem, welche sie tatsächlich vor ihrer Nase haben» (Hage-Ali 1996, S. 7).

Ansätze zu einer Verbesserung der Situation gibt es. So setzt sich die **Aktion Humane Schule** seit nunmehr zwanzig Jahren dafür ein, «mehr Menschlichkeit an der Schule zu verwirklichen», den Lebensraum Schule als lebendigen Lernort und als Zukunftswerkstatt zu organisieren. Der parteipolitisch und ideologisch neutrale Verein versteht sich als Impulsgeber für Schüler, Eltern und Lehrer und ruft dazu auf, die genannten Aufgaben gemeinsam anzupacken. Veranstaltungen und vielfältiges Informationsmaterial dienen diesem Zweck.

Anschaulich und verständlich sprechen

Wie dies im Blick auf die Unterrichtspraxis zu verstehen ist, lässt sich ebenfalls der oben zitierten Schülerbefragung entnehmen. Nur jeder Fünfte gab an, schwierige Unterrichtsstoffe vom Lehrer verständlich erklärt zu bekommen; drei von vier der Befragten hielten aber eben diese Fähigkeit – anschaulich sprechen und gut erklären können – für besonders wichtig.

Wissenschaftler der Hamburger Universität haben unter der Leitung von Friedemann Schulz von Thun (1975, 1976) für die Fächer Deutsch und Mathematik Trainingsmaterial erarbeitet, das Schritt um Schritt in Richtung «Verständlichkeit» führt.

Zur Veranschaulichung dient die Umarbeitung eines mathematischen Textes, zunächst unter den Aspekten «Einfachheit» und «Gliederung». Die hier gewonnenen Einsichten lassen sich auf den Lehrervortrag anwenden (vgl. Kasten S. 49).

Die Autoren nennen noch zwei weitere Punkte, die bei einer Überarbeitung beachtet werden sollten, «Kürze» («Prägnanz») und «zusätzliche Reize». Mit diesen vier «Verständlichmachern» lässt sich nun auch der **Lehrervortrag** verbessern:

Einfachheit erhält man durch kurze Sätze und vertraute Wörter sowie anschauliche Formulierungen.

Eine **Gliederung** wird durch Hinweise zum Aufbau des gesamten Beitrages und zu den einzelnen Stationen hergestellt.

Kürze ergibt sich aus der Beschränkung auf das Wesentliche, durch den Verzicht auf unkontrolliertes Plaudern.

Und **zusätzliche Reize** liegen vor, wenn besondere Stilmittel eingesetzt werden, die den Vortrag farbig und lebendig machen, z. B. Fragen, direkte Rede, Beispiele aus dem Alltagsleben.

Machen wir hier einen kleinen Einschub. Heinz Rauscher ([2]1995, S. 9) erinnert daran, dass viele Eltern die unanschauliche, gestelzte Fachsprache der Lehrer beklagen. Er schlägt den Lehrkräften eine exemplarische Übung vor: «Stellen Sie unter Weglassen von Fremdwörtern die Gesichtspunkte der Leistungsbeurteilung in Ihrem Fach gegliedert und allgemein verständlich dar!»

Text A: Kommensurable Strecken

Vergleicht man zwei Strecken a und b hinsichtlich ihrer Größe, so kann es vorkommen, dass a in b genau r-mal enthalten ist, wobei r eine ganze Zahl darstellt. In diesem Fall können wir das Maß der Strecke b durch das von a ausdrücken, indem wir sagen, dass die Länge von b das r-fache der Länge von a ist. Oder es kann sich zeigen, dass man, wenn auch kein ganzes Vielfaches von a genau gleich b ist, doch a in, sagen wir, n gleiche Strecken von der Länge a/n teilen kann, sodass ein ganzes Vielfaches m der Strecke a/n gleich b wird:

$$(1)\ b = \frac{m}{n} \times a.$$

Wenn eine Gleichung der Form (1) besteht, sagen wir, dass die beiden Strecken a und b kommensurabel sind, da sie als gemeinsames Maß die Strecke a/n haben, die n-mal in a und m-mal in b aufgeht.

Text B: Kommensurable Strecken

Man sagt: 2 Strecken sind kommensurabel, wenn sie ein gemeinsames Maß haben. Was bedeutet das: «ein gemeinsames Maß haben»?
– Angenommen, eine Strecke ist 3 cm, die andere 9 cm lang. Die beiden Strecken sind kommensurabel: Sie haben als gemeinsames Maß 3 cm. Es passt in die eine Strecke genau 1-mal, in die andere genau 3-mal.
– Angenommen, eine Strecke ist 6 cm, die andere 10 cm. Auch diese Strecken sind kommensurabel. Das gemeinsame Maß ist 2 cm: Es steckt 3-mal in der ersten und 5-mal in der zweiten Strecke. Selbst für 2 Strecken von z. B. 1,67 cm und 4,31 cm Länge lässt sich leicht ein gemeinsames Maß finden: 0,01 cm. Es steckt 167-mal in der ersten und 431-mal in der zweiten Strecke.

Was sagen uns diese Beispiele? Zwei Strecken sind kommensurabel, wenn die eine Strecke (oder ein Bruchteil von ihr) in der anderen enthalten ist, ohne dass ein Rest bleibt.

(In: Schulz von Thun, Friedemann; Götz, Wolfgang: Mathematik verständlich erklären, München 1976, S. 26/27)

Zurück zum Lehrervortrag.

Nicht immer steht die Zeit zur Verfügung, den geplanten Beitrag klar zu strukturieren und anschaulich zu gestalten. Dann empfiehlt sich die Arbeit mit dem Overhead-Projektor. Während der Unterrichtsstunde notiert der Lehrer bestimmte Stichwörter («Schlüsselwörter»), die als roter Faden dienen. Am Schluss kommen noch einige farbige Markierungsstriche hinzu: Was gehört wohin? Was verhält sich gegensätzlich zueinander? Was ist im Schaubild Ursache, was Folge? Wie lautet die Summe des Ganzen?

Wenn wir einen Schüler so «ins Bild setzen», kann er sich die Ergebnisse besser merken. Soll er z. B. eine Vorstellung davon entwickeln, wie winzig klein die Zeitspanne ist, in der Menschen die Erde bewohnen, können wir ihm einen **Text** anbieten.

«Die Erde ist alt, uralt. Bis sie ihre heutige Gestalt hatte, brauchte sie rund 6 Milliarden Jahre. Selbst die Forscher können sich kaum die Zahl der Jahre vorstellen, die seit ihrer Entstehung vergangen sind.

Der Mensch als vernunftbegabtes Wesen (‹Homo sapiens›) bewohnt sie erst seit etwa 40 000 Jahren» (Thielen und Walzik 1974, S. 9).

Das **Bild** «Erdzeituhr» leistet mehr; es führt uns die Zeitverhältnisse vor Augen (vgl. S. 51).

Auf der Erdzeituhr ist die Entstehung der Erde auf einen Tag (24 Stunden) zusammengedrängt. Der Mensch existiert erst seit zwölf Minuten.

Sinnentnehmendes Lesen einüben. Texte anschaulich und verständlich machen

Das Lernen mit Hilfe von Büchern hat eine lange Tradition und spielt im gesamten Schulbereich eine bedeutsame Rolle. Vieles kann man in unserer Welt nicht persönlich erleben. Wir sind auf Erfahrungen aus zweiter Hand, auf Textwissen, angewiesen.

Bei der Arbeit an einem längeren Text muss der Leser die inhaltliche Grundstruktur, also das Wesentliche des Textes, erkennen. Er kann ja nicht alle Informationen behalten; dies würde ein Auswendiglernen des Beitrags bedeuten. Also muss das Textmaterial auf einen repräsentativen Kernbestand verringert werden. Die Verknappung der Informationsfülle auf das Wesentliche ist auch deshalb besonders wichtig, weil sie das Behalten er-

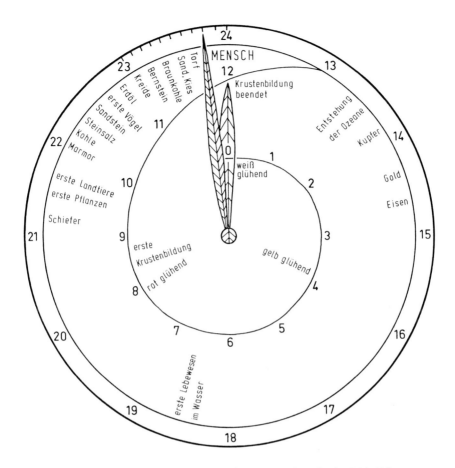

(In: Thielen, Peter G.; Walzik, Günther [Hrsg.]: Der Mensch und seine Welt. Bd. 1. Bonn 1974, S. 9)

leichtert. In vielen Untersuchungen hat die Lernforschung gezeigt, dass Bedeutungsvolles besser behalten wird als Nebensächliches (Friedrich o. J., S. 2).

Dieser Vorgang des Auswählens und Gewichtens findet beim Lesen jedes Textes automatisch statt, allerdings oft nicht in optimaler oder wenigstens befriedigender Weise.

Hier sollte der Lehrer methodisch weiterhelfen, denn mit zunehmender Schuldauer steigt auch der Anteil von Phasen, in denen Schülerinnen und Schüler auf sich selbst gestellt sind und mit Hilfe von Büchern oder Arbeitstexten lernen. Lernstrategien fördern die Selbstlernkompetenz der Schüler. Lehrkräfte machen modellhaft mit solchen Strategien bekannt, wenn sie einen strukturierten Tafelanschrieb zum Lernstoff anbieten, ein Diagramm erstellen oder auf einer Folie den zu betrachtenden Prozess Schritt um Schritt neu erstehen lassen. Diese Unterrichtsabschnitte bieten den Anlass, mit den Schülern das Thema «Lern- und Lesestrategien» zu erörtern.

Die «SQ3R- oder 5-Schritte-Lesemethode»

Im angloamerikanischen Sprachraum gibt es eine bewährte Studiertechnik für das Durcharbeiten von Fachtexten. Sie wurde von Francis Robinson (1961) entwickelt, der ihr den Namen «SQ3R-Methode» gab. Diese Buchstaben stehen für jeweils einen Bearbeitungsschritt. Im Deutschen verwendet man die Bezeichnung «5-Schritte-Lesemethode».

Survey: Verschaffe dir einen Überblick!
Lies zunächst den Text einmal ganz durch. Achte auf signalhafte Formulierungen, die das Gewicht einzelner Aussagen näher bestimmen («Als wesentliche Ursache erscheint …», «Vor allem zwei Folgen kristallisieren sich heraus …»). Mache dir am Schluss klar, worum es insgesamt geht und was dir bereits bekannt ist. Liest du später – im dritten Schritt – Abschnitt für Abschnitt, kannst du die Einzelheiten besser in den Gesamtzusammenhang einordnen.

Question: Beachte die vorgegebenen Fragen an den Text – oder stelle eigene!
Lies die Fragen bzw. die Aufgaben, die am Ende des Textes stehen. Rufe dir in Erinnerung, was genau mit bestimmten Formulierungen gemeint ist («Kennzeichne die Art der Argumente …», «Nimm Stellung zu …»). Stelle auch selber Fragen an den Text, dann liest du anschließend aufmerksamer.

Read: Lies jetzt gründlich! Nimm einen Bleistift zur Hand, mit dem du den Text markierst bzw. Anmerkungen am Rand notierst!
Der zweite Lesedurchgang dient der Inhaltssicherung. Was steht in den einzelnen Abschnitten? Notiere am Rand jeweils einen Schlüsselbegriff und füge eine passende Überschrift für jeden Abschnitt hinzu. Kläre unbekannte Begriffe (erklärende Wörter an den Rand schreiben). Kennzeichne die Text-

abschnitte, die wichtige Informationen für eine Zusammenfassung enthalten.

Fertige dir ein Lesezeichen nach folgendem Muster an.

Lesezeichen:	
!	wichtig
!!	sehr wichtig
?	schwer verständlich
⟨	unklar
→	siehe auch bei
B	Beispiel
B?	Beleg oder Beispiel selbst suchen
D	wichtige Definition
Z	Zusammenfassung
N	Nachschlagen
1. 2. 3. ….	Aspekte oder Faktoren bei Gliederungen und Aufzählungen

Recite: Stelle nun die Ergebnisse in graphischer Form übersichtlich und anschaulich zusammen:
Zeichne eine Gedächtnislandkarte (eine Mindmap)!

Schreibe das Thema in die Mitte eines DIN-A4-Blattes und kreise es ein. Notiere dann alle Schlüsselbegriffe auf «Ästen» (dicke Linien) und die dazugehörigen Einzelheiten auf «Zweigen» (dünne Linien). Kennzeichne Zusammengehöriges durch Verbindungslinien. Hebe wichtige Stellen durch Symbole oder Figuren hervor. Nutze auch verschiedene Farben bei der Gestaltung der Mindmap.

(Auf den Seiten 54 und 55 finden sich zwei Beispiele.)

Review: Wiederhole nun das Ganze! Sag es aber in eigenen Worten!

Den Ausgangspunkt für die Wiederholung bildet die Gedächtnislandkarte. Unklare Stellen werden im Text nochmals nachgelesen. Wiederhole Kernpunkte des bearbeiteten Stoffes laut und in eigenen Worten! Du kannst ihn

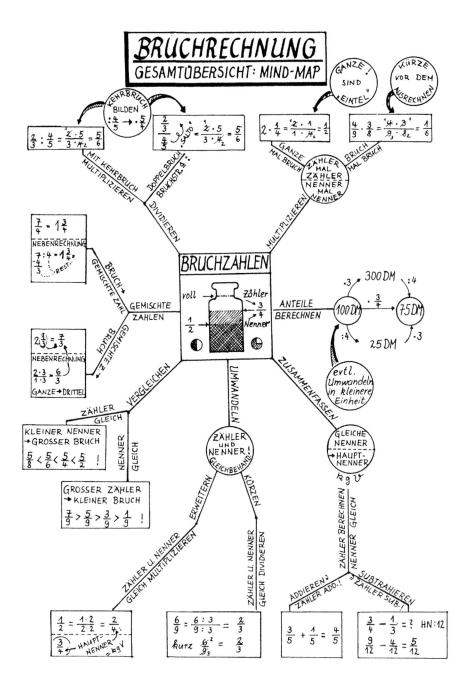

(In: Kasper, Horst: Kreative Schulpraxis. Vom Unterrichtsprojekt zum Schulprogramm.
Lichtenau und München 1995, S. 214)

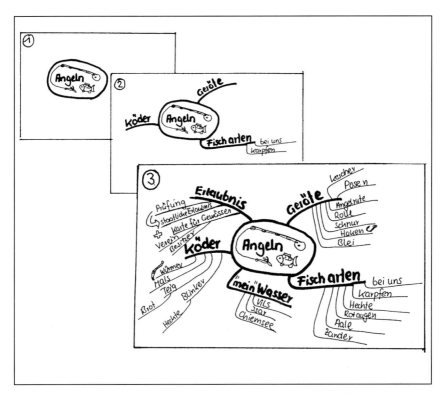

(Ulrich Lipp: Mind-Mapping in der Schule. – In: Pädagogik 10/94, S. 24)

z. B. jemandem vortragen. Kommst du dabei ins Stocken, erkennst du deine Wissenslücke und arbeitest die betreffende Stelle nach. Dies ist gleichzeitig eine gute Vorbereitung auf spätere Fragen im Unterricht.

So weit die Lesemethode von Francis Robinson.

Aber…

Auch die beste Lernstrategie hilft nur wenig gegen schwer verständliche Bücher bzw. Texte

Versuchen Sie sich doch selber einmal an einem kurzen Text, der für die 7. Klasse der Realschule gedacht ist. Was würden Sie nach einer gründlichen Lektüre dieser Zeilen als Hauptinhalt des Abschnittes notieren?

4.1 Zellkerne enthalten Chromosomen

Färbt man eine Zwiebelzelle mit einem bestimmten Färbemittel an, treten Zellbestandteile kontrastreicher hervor. So wird zum Beispiel der **Zellkern** (Nucleus) gut sichtbar. Sehen wir uns diesen einmal genauer an. Das *Kernplasma* wird von einer *Kernmembran* begrenzt. Im Kernplasma liegt das punktförmige **Kernkörperchen**. Besonders intensiv färben sich im Kernplasma schleifenartige Fäden. Wegen ihrer guten Färbbarkeit nannte man diese Kernschleifen **Chromosomen** (griech.: chromos = Farbe).

Jedes Lebewesen besitzt in den Körperzellen eine für seine Art typische Anzahl von Chromosomen: der Mensch 46, die Hausmaus 40, der Mais 20 und der Farn Natternzunge 520. Dabei bilden jeweils zwei gleichartige Chromosomen ein Paar. Die 46 Chromosomen des Menschen bilden also 23 Paare.

Bei stärkerer Vergrößerung erkennt man den Feinbau des Chromosoms. Eine Einschnürung gliedert es in zwei meist ungleiche Schenkel. An dieser Stelle wird ein stark gefärbter Plasmabereich sichtbar, das *Centromer*. Die beiden Schenkel enthalten 10–35 nm dicke *Kernfäden*. Diese Fäden erscheinen als «perlenkettenartige» Struktur. Dabei stellen Eiweißstoffe die «Perlen» dar, während die Perlenschnur durch die Molekülketten der Desoxyribonukleinsäure (**DNA**) gebildet wird.

(Strauß, Erich; Dobers, Joachim; Knippenberg, Axel, in: Biologie heute 2 R. – Hannover 1994, S. 137)

Von uns befragte Schülerinnen und Schüler gaben an, dass sie nur wenig verstanden hätten. Wenn der Lehrer Fragen zum Text stellt, würden sie die entsprechende Stelle suchen und vorlesen. Zu Hause versuchten sie die Sätze auswendig zu lernen.

Ein Blick in etliche Bücher verschiedener Fächer legt die Vermutung nahe: Die Sachverhalte selbst sind für viele Schüler durchaus nicht «zu hoch». Die Art der Vermittlung jedoch, die Begrifflichkeit und die Art der Erklärungen, ist für Schüler kaum nachvollziehbar – und für Eltern auch nicht. Schulz von Thun und Götz (1976) bemängeln, dass «die Kunst, verständlich zu erklären», auch unter Pädagogen nicht sehr weit verbreitet sei. Und noch schärfer formuliert es Frederic Vester (1975, S. 181 f.): «Was sind das für Pädagogen, die so auf jede Seite gewaltige überflüssige Stoffmengen packen und damit die Lernfähigkeit töten, die sich beim Ringen um die exakteste akademische Formulierung verkrampfen und sich keinen Deut darum kümmern, was beim Lesen im Schüler vorgehen wird?»

Die bereits erwähnten Wissenschaftler um Schulz von Thun haben sich im Rahmen einer umfassenden Grundlagenforschung mit der Frage befasst, wie Lerntexte verständlich dargeboten werden können.

Hier sollen einige Hinweise genügen. Drei Forschungsschritte mit jeweils mehreren Untersuchungen waren die Wegbereiter für das von ihnen vorgelegte Trainingsprogramm.

Erster Schritt: die Suche nach «Verständlichmachern». Mehr als 100 Pädagogen (als Textschreiber) und über 1000 Schüler sowie erwachsene Leser nahmen an den Untersuchungen teil. Verschiedene Informationstexte wurden analysiert, und es wurde empirisch ermittelt, was Leser davon verstehen und behalten konnten.

Erstes Ergebnis: Manche Texte verstanden die Leserinnen und Leser recht gut, andere Texte (mit gleichem Informationsziel) nahezu überhaupt nicht.

Zweites Ergebnis: Unabhängig vom Inhalt waren es immer wieder vier Hauptmerkmale der Textgestaltung, die als wesentlich zutage traten: Einfachheit, Gliederung (Ordnung), Kürze (Prägnanz) und zusätzliche Stimulanz.

Ein drittes Ergebnis: Die genannten Merkmale sind messbar. Es ist möglich **jedem** Informationstext diese vier Messwerte zuzuordnen – einen für jede Verständlichkeitsdimension. Das ergibt eine Art «Warentest» für den Bereich «Textproduktion».

Zweiter Schritt: die Bewährungsprobe der vier Verständlichmacher. Mit den vier Aspekten war ein Maßstab gefunden, mit dem Informationstexte aller Art untersucht und beurteilt werden konnten. Es zeigte sich: Viele Texte in Schule, Verwaltung, Politik und Wissenschaft wiesen schwer wiegende Mängel auf, wenn man sie auf diese Weise untersuchte. In weiteren Testreihen mit ca. 500 erwachsenen Lesern aus verschiedenen Bevölkerungsgruppen stellte sich heraus: Eine Verbesserung der vorliegenden Texte war möglich; sie führte zu erheblich besserem Verstehen und Behalten. Und nicht nur dies: Die überarbeiteten Texte erzeugten auch deutlich mehr Interesse beim Lesen und erhöhten die Zufriedenheit mit den vorgelegten Materialien. Überraschend war, dass Leser mit unterschiedlicher Schulbildung in etwa gleichem Umfang durch die verbesserten Texte gefördert wurden.

Dritter Schritt: die Trainierbarkeit der vier Verständlichmacher. Nun stellte sich eine entscheidende Frage: Ist Verständlichkeit etwas, das ein Lehrer lernen kann? Oder handelt es sich dabei um eine Art «Naturbegabung»: Der eine kann's eben, der andere nicht? Erwartungsgemäß zeigte sich, dass gute Ratschläge (z. B. Stilregeln) nichts nützen. Eingeschliffene Verhaltensgewohnheiten lassen sich durch Anweisungen und Informationen kaum verändern. Deshalb wurden Trainingsprogramme entwickelt, die auf gesicherten Prinzipien des Lernens beruhen. Die Erprobung eines Trainingsprogrammes für Pädagogen ergab folgende Ergebnisse: 90 % der Pädagogen erwiesen sich als trainingsbedürftig. Ihre Texte waren vor dem Training wenig oder ausgesprochen schlecht verständlich. Nach dem Training hatten sich über 90 % verbessert, davon zwei Drittel so deutlich, dass sie gut verständliche Texte zustande brachten (Langer u. a. 1974).

Lehrer fördern ihre Schüler

Wenn sich Lehrer um Verständlichkeit bemühen – und die Hamburger Ergebnisse zeigen: Training hilft –, dann helfen sie ihren Schülern. Geht es um die Auswahl und Einführung von Schulbüchern, können Lehrer und Eltern den Aspekt «Verständlichkeit» als einen der Hauptpunkte ansehen.

Und…

Auch ein wissenschaftlicher Text kann verständlich sein. Der Göttinger Soziologe Hans Paul Bahrdt möchte ein Ergebnis aus der Forschung mitteilen; es betrifft die Eigenart des nachbarschaftlichen Zusammenlebens in der Großstadt. Sagt er es «auf Soziologisch»? Das klingt etwa so: «Die Kommunikationsinklination der kontemporären urbanen Population manifestiert sich als intens selektiv.» Nein, besser ist es so: «Der Großstadtbewohner hat nicht zu *jedem* Nachbarn Kontakt, er wählt aus; nur mit manchen knüpft er Beziehungen an» (vgl. Seiffert 1977, S. 190 f.).

Spezialfall Arbeitsanweisungen –
eine Situation aus der Oberstufe

«In der Mittelstufe ist uns das nicht klar geworden. Wir kriegen das erst jetzt richtig mit, dass in der Lösung zur ersten Aufgabe noch keine Stellungnahme gefordert ist. Leuchtet mir auch ein. Sie möchten erst mal feststellen, ob wir den Inhalt verstanden haben. War mir bisher nicht so klar.»

Der Geschichtslehrer eines Kurses im Jahrgang zwölf hat die Klausuren zurückgegeben und ein Blatt mit Hinweisen verteilt, worauf die Schülerinnen und Schüler künftig achten sollten. Vor allem darauf, den Arbeitsauftrag ernst zu nehmen. Mit der ersten Aufgabe prüfe ein Lehrer fast immer das Textverständnis des Schülers: Was steht überhaupt in dem Text, der zu bearbeiten ist? Der erste Schritt sei wichtig, denn unterstellt man einem Autor Ansichten, die er gar nicht vertritt, wird das ganze Gedankengebäude krumm und schief. Später dann, meist in Aufgabe drei, werde auch eine Stellungnahme verlangt.

Der Lehrer wundert sich über die Reaktionen aus dem Kurs (eine der Äußerungen ist oben wörtlich wiedergegeben). Im Jahrgang zwölf kennt man als Schüler die Arbeitsaufträge in Klausuren doch aus dem Effeff und hat längst mitbekommen, wie der Lehrer seine Formulierungen verstanden haben will – meint der Lehrer. Auf Rückfrage stellt sich aber heraus: So ist es nicht. Bei jeder der geradezu klassischen Arbeitsanweisungen, die er zitiert, entsteht ein breites Spektrum an unterschiedlichen Auffassungen, was da eigentlich zu tun sei.

Also ist es mit irgendwelchen Umformulierungen, die ein Lehrer vornimmt, auch nicht getan. Der Kursleiter beschließt, sich auf die Schüler einzustellen und mit ihnen Arbeitsaufträge zu erarbeiten. «Aufgabe eins soll der Inhaltssicherung dienen. Wie muss dann der Arbeitsauftrag lauten, damit Sie statt zu rätseln die Materialien gezielt bearbeiten können?» Die Antwort kristallisiert sich schnell aus den Beiträgen heraus: «Nennen Sie die Hauptpunkte des Textes!» Den Ergänzungswunsch des Lehrers finden die Schülerinnen und Schüler akzeptabel: «in eigenen Worten» kann noch angehängt werden.

Auch die zweite Formulierung, mit der zu einer Stellungnahme aufgefordert wird, ist rasch gefunden: «Stimmen Sie mit der Meinung des Autors überein? Begründen Sie Ihre Ansicht!»

Diese beiden Anweisungen erscheinen dann auch auf dem Arbeitsblatt der folgenden Klausur.

Das Lernen lehren. Anregungen für das Entwickeln eines persönlichen Lernkonzepts geben

Eine bisher zu wenig beachtete Aufgabe der Schule besteht darin, den Schülern frühzeitig Hilfen für ihr selbständiges Lernen zu geben, das Lernen selbst zum Unterrichtsgegenstand zu machen.

Bevor wir drei mögliche Wege in diese Richtung aufzeigen, soll noch ein Aspekt angesprochen werden, von dem alles abhängt: Wie fängt man an?

Vielleicht mit dem folgenden Gedanken aus einem ganz anderen Bereich. Auch die größte Urlaubsreise beginnt auf den wohl vertrauten Straßen des Heimatortes. Übertragen auf die Pädagogik: Wo in den vertrauten Alltagssituationen des Unterrichtens zeigen sich Themen oder Problemstellungen, die das Interesse wecken und die Phantasie in Bewegung bringen?

Es wird nicht darauf ankommen, ein «brennend aktuelles» Problemfeld anzusteuern oder eine Reform «vom Keller bis zum Dach» zu planen. Entscheidend ist, überhaupt anzufangen.

Erste Ideen könnten so entstehen: Missstände rumoren in den Köpfen der Lehrkräfte («Man müsste endlich mal…!»). Der Blick fällt auf Fachliteratur, die sich mit genau diesen Problemen befasst. Wenn die ersten Anregungen gegeben worden sind, kann man als Nächstes vorhandenes Material prüfen und es den eigenen Bedürfnissen und den schulischen Gegebenheiten entsprechend «passend machen». Dann entfallen z. B. zeitraubendes Basteln am Konzept und aufwendige Materialsuche.

Nun zu den oben angesprochenen Wegen, auf denen Schüler ihr eigenes Lernkonzept entwickeln können.

Tipps für das häusliche Lernen

Besonders für das Lernen zu Hause und für die Erledigung der Hausaufgaben wird eine Lernberatung wichtig sein. Zunächst geht es um die Rahmenbedingungen: Welche Zeitabschnitte sind günstige Lernphasen? Wie sollte der Arbeitsplatz eingerichtet sein? Wann stimmt die Mischung aus konzentriertem Lernen, Pausen und Spielphasen?

Danach folgen Regeln und Tipps für den Lernprozess selbst. Dreimal zwei kann eben mehr sein als einmal sechs: Einen Lernstoff an drei Tagen je zweimal durcharbeiten bringt mehr als eine sechsmalige Wiederholung am Tag vor der Arbeit.

Wer sich zunächst den Aufbau eines Lernstoffes bewusst macht und schwierige Stellen inhaltlich klärt, der lernt mit System und entwickelt ein gutes Textverständnis.

Einem anderen das Gelernte vortragen und an unsicheren Stellen noch einmal an die betreffende Stelle des Informationsmaterials zurückgehen: dieser Zwang zur präzisen und anschaulichen Darstellung bewirkt ein aufmerksames, besonders intensives Bearbeiten des Lernstoffs.

Einen großen Bogen, auf dem u. a. die eben genannten Punkte gut lesbar versammelt sind, hängt der Schüler als Poster an seinem Arbeitsplatz auf.

Lernberatung durch gemeinsames Üben

Die schönsten Hinweise und Lerntipps nützen nichts, wenn das Einüben fehlt. Der Unterricht bietet Gelegenheit, Arbeitstechniken nicht nur zu nennen und zu empfehlen, sondern auch an Ort und Stelle anzuwenden. Von der ersten Annäherung an einen Text bis zum abschließenden Nachdenken über die Bedeutung des Inhalts in der Welt der Leserinnen und Leser sorgt der Lehrer auf allen Stufen der Erarbeitung dafür, dass sich die Schüler über ihre Eindrücke verständigen. Dass sie prüfen, verwerfen, abändern, akzeptieren, Gültiges notieren und für den nächsten Arbeitsschritt nutzen.

Übrigens: Der Lehrer braucht keine Scheu davor zu haben, hin und wieder das methodische Vorgehen beispielhaft vorzumachen. Ganze Generationen von Facharbeitern in den Betrieben haben sich auf diese Weise ihr handwerkliches Können erworben: Der Ausbilder demonstriert den Umgang mit dem Werkzeug, die Auszubildenden vollziehen das Gesehene nach, probieren die Griffe aus, korrigieren unter Anleitung, lernen durchs Tun.

Ist der Lehrer für seine Schüler ein Modell geplanten und erfolgreichen Lehrens, gewinnt seine Lernberatung an Überzeugungskraft (vgl. S. 62).

Das Gelernte auch behalten: Planung muss sein

Die eben erwähnte Vorbildfunktion erfüllt ein Lehrer auch dadurch, dass er vormacht, wie man plant und einteilt.

Bereits zu Beginn des Schuljahres können die Termine für die Klassenarbeiten (plus / minus eine Woche) festgelegt und ins Klassenbuch eingetragen werden. Dann fallen überfallartige Ankündigungen weg.

Rechtzeitig vor der jeweiligen Arbeit nennt der Lehrer die Aufgabenarten

(Mit Genehmigung entnommen aus humboldt-taschenbuch 715, Ursula Oppolzer, «Super lernen», Humboldt-Taschenbuchverlag, München)

August | September | Oktober | November | Dezember | Januar

Deutsch-Diktat am 18. Sept.

11.9.: „Dehnung"; Wörter mit h ✓

13.9.: Rechtschreibung; Übungstext 4 ✓

14.9.: Übungs-Diktat (110 Wörter); Mutter diktiert ✓

17.9.: Komma in der Aufzählung; Text 3

(In: Kowalczyk, Walter; Ottich, Klaus: Kapiert?! Behalten und Lernen. Der Lehrer hilft weiter. Donauwörth 1996, S. 62)

und erläutert, wie seine Formulierungen in den Arbeitsanweisungen zu verstehen sind.

Bringt er so Transparenz und **Ordnung** in den Ablauf, wirkt er auch glaubwürdig, wenn er mit seinen Schülerinnen und Schülern die Punkte «Zeitplanung», «Aufteilung des Stoffes» und – besonders wichtig – «planmäßiges Wiederholen» einübt.

Er empfiehlt ihnen eine Halbjahresübersicht (vgl. oben), die gut sichtbar über den Arbeitsplatz gehängt wird und zu der man dann jeweils aus aktuellem Anlass einen Zettel mit der «Feinplanung» hinzufügt. Gut geeignet ist dafür zum Beispiel der Jahresplan, den die Krankenkassen zu Beginn jedes Schuljahres zur Verfügung stellen. Die Ferien sind dort bereits eingetragen. Weitere Daten kommen nun hinzu: Geburtstage, familiäre oder schu-

Aspekt		Beispiel
Gleichheit	– gleichartige Gegenstände / Erscheinungen / Vorgänge	Kiefer, Fichte, Tanne, Lärche sind Nadelbäume
Ähnlichkeit	– Ähnlichkeit von zwei oder mehreren Gegenständen / Erscheinungen	Motorrad, Motorroller, Moped gehören zu den zweirädrigen Kraftfahrzeugen
Gegensatz	– Unterschiede zwischen zwei oder mehreren Gegenständen / Erscheinungen / Handlungen	Flachküste – Steilküste Tag – Nacht sinnvolles – mecha- Lernen nisches Lernen nach- – selbstän- ahmendes diges Lernen Lernen
Unterordnung und Überordnung	– Bilden von Klassen	Die Klasse «Säugetiere» lässt sich einteilen in Unterklassen: • Eier legende Säugetiere (Schnabeltiere) • Beuteltiere (Beutelratte) • Plazentatiere
	– Einordnen in ein System	Art, Gattung – Schimpanse Familie – Menschenaffen Ordnung – Primaten . . . .

Aspekt		Beispiel
Räumliche Zusammengehörigkeit	– räumlich zusammengehörende Erscheinungen werden geordnet	Zur Seeküste gehören: Hafenindustrie, Häfen, Werften, Fährbetrieb, Erholungsgebiete, Vogelschutzgebiete, Naturschutzgebiete, Küstenschutz
Gleichzeitigkeit	– Erscheinungen/ Vorgänge, die zur gleichen Zeit verlaufen	Absterben der Wälder durch Schädlingsbefall und Schadstoffe. Gleichzeitig • Zerstörung des Bodens durch Regen, Frost, Sonne, Wind • Sinken des Grundwasserspiegels • ursprüngliche Vegetation verschwindet und damit der Lebensraum für Pflanzen und Tiere
Ablauf/ Entwicklung	– geschichtliche Abfolge – zeitlicher Ablauf – Entwicklungsverlauf	Urgesellschaft, Sklavenhaltergesellschaft, Feudalgesellschaft. Frühling – Sommer – Herbst – Winter. Froschlaich – Kaulquappe – Frosch. Oder: Säuglingsalter – Kindheit – Jugend – Erwachsenenalter.

(In: Naumann, Frohwald: ABC des Lernens. Neuwied 1991, S. 81–83) lische Aktionen, Sport- und Freizeitaktivitäten – und eben die Klassenarbeiten!

Um diese besonders wichtigen Tage hervorzuheben, versieht man sie mit einem roten Klebepunkt. Das Blatt mit dem Vorrat an Klebepunkten wird direkt unter dem großen Bogen befestigt. So ist der Markierungspunkt sofort zur Hand, wenn wieder ein Termin feststeht. Etwa eine Woche vor der Arbeit entsteht nun das aktuelle Ergänzungsblatt, das neben den Gesamtplan gehängt wird. Auf einen Notizzettel schreibt man alle Punkte, die für die Vorbereitung im Einzelnen wichtig sind. Welche Abschnitte im Fachbuch sollen an welchem Tag wiederholt werden? Wie sind die Vokabeln aufzuteilen? Wann ist eine Übungsarbeit dran? Schritt für Schritt werden diese Punkte «abgearbeitet» und mit einem kräftigen Erledigungsstrich in Leuchtfarbe versehen: «Das habe ich schon geschafft!»

Am Ende zerknüllt man den Zettel und wirft ihn weg. Freie Bahn für anderes.

Bereits in dem Kapitel «Ordnung im Kinderzimmer, am Arbeitsplatz, im Ranzen und im Kopf» (vgl. S. 21 ff.) wurde das Thema «Ordnung» unter verschiedenen Gesichtspunkten behandelt. Wie können nun Lehrerinnen und Lehrer ihre Schüler zur Ordnung anhalten? Frohwald Naumann (1991) gibt zahlreiche Beispiele, wie durch gedankliches Ordnen die Denkentwicklung gefördert werden kann. In einer Übersicht stellt er Gesichtspunkte für Ordnungsübungen dar (vgl. S. 64 und 65).

Das Kollegium einer Schule kann außerdem erörtern und festlegen, welche formalen Ordnungsprinzipien gelten sollen, z. B. bei der Heftführung oder der Schrift.

Wenn man schon nicht drum herumkommt ...
Lernhilfe Vokabeltrainer

Dieser Vokabeltrainer basiert auf zwei Erkenntnissen, die seit langem dafür sorgen, dass Vokabeln sicher behalten und schnell abgerufen werden können. Beide gehören zum Stichwort «Wiederholung». Bereits im alten Rom richteten sich die Schüler nach ihnen.

Die erste, grundlegende Regel lautet: Repetitio est mater studiorum. «Die **Wiederholung** ist die Mutter der Studien.» Der beste Gehilfe dabei ist das

Leben selbst (vgl. Bönsch 1988, S. 41). Was täglich gebraucht wird, wird auch dauernd geübt. Der beste Vokabeltrainer ist deshalb ein Aufenthalt in dem betreffenden Land.

Die zweite Regel rät von sturem, mechanischem Pauken ab: Variatio delectat! «**Abwechslung** schafft Freude!»

Vokabeln müssen fast täglich gelernt werden. Viele Schüler sitzen zu Hause vor dem Französischbuch und murmeln halblaut vor sich hin: «**la** chaise – **der** Stuhl, **la** chaise – **der** Stuhl ...»

Beim Abfragen in der Schule kriegen sie noch vieles zusammen. Aber in der Stunde darauf grübeln sie schon wieder: «Wie hieß denn bloß das Wort für Stuhl?» Nach einem halben Jahr ist auch noch vieles andere verschwunden. Spaß am Sprachenlernen? Wohl nur für Sprachentalente?

Nein!

Es geht auch anders!

So kann Schülern das Vokabelnlernen erleichtert werden

Folgende Tipps helfen Schülern, Vokabeln leichter zu erlernen und langfristig zu behalten.

Der Vokabeltrainer

Stufe I zeigt dir, wie du für die nächste Stunde lernst.
Sobald das klappt, auf zur Stufe II!
Stufe II zeigt dir, wie du die Vokabeln auch noch nach einem halben Jahr weißt.
Sobald das eine gute Gewohnheit ist, belebt Abwechslung das Pauken. Auf zur Stufe III!
Stufe III zeigt dir, dass Üben auch ganz anders geht: zeichnen, kleben und spielen.
(Wir nehmen als Beispiel das Fach Französisch. Übrigens: Wenn du dir die Vokabeln für die nächste Stunde bereits ohne Mühe merkst, kannst du gleich die Tipps für die Stufe II lesen und regelmäßig anwenden.)

Stufe I: «Lernt bis übermorgen die Vokabeln der Lektion 7!»

So gehst du vor!

1. Sieh dir gleich am Nachmittag die Vokabeln an. Dabei stellst du fest, dass du einige Wörter schnell lernen kannst, weil sie fast genauso wie die deutschen oder englischen Wörter aussehen (le garage oder la fenêtre oder la table). Du musst allerdings auf die Artikel achten. Die Unterschiede zum Deutschen haben es in sich.

2. Lerne immer sieben Vokabeln auf einmal. Sieben prägen sich rasch ein. Der Vokabelberg wird schnell kleiner.

3. Kreuze die «schweren Brocken» an und schreibe sie auf! Durch das Aufschreiben gehst du besonders aufmerksam mit diesen sperrigen Vokabeln um.

4. Nun hast du schon prima gearbeitet. Gehe jetzt noch einmal alle Vokabeln durch und überprüfe, welche du schon kannst. Fertig. Erst einmal sacken lassen.

5. Gegen Abend fragst du dich erneut die Vokabeln ab. Die Reihe der französischen Wörter zudecken. Ein deutsches Wort heraussuchen. Die französische Übersetzung sagen, kontrollieren. Die nicht gekonnten Begriffe wieder aufschreiben.

6. Am nächsten Tag stellst du fest, was noch nicht sitzt. Schreibe immer sieben dieser Vokabeln auf Kärtchen oder einen kleinen Zettel und lerne sie Zettel für Zettel.

7. Gegen Abend lässt du dich abfragen.

Stufe II: Sicher gewusst – auch noch nach einem halben Jahr

Damit dein Gehirn weiß, was wichtig ist, braucht es die Wiederholung. Das bewährte Mittel ist die **Lernkartei**. Sie besteht aus Kärtchen, die auf der einen Seite die französische Vokabel und einen typischen Beispielsatz enthalten. Du findest ihn in dem dreispaltigen Wörterverzeichnis deines Lehrbuches. In diesem Satz ist das zu lernende Wort durch eine Umschreibung ersetzt. Auf der Rückseite des Kärtchens steht das deutsche Wort und die Übersetzung des Beispielsatzes.

le salaire	*das Gehalt*
C'est l'argent qu'on gagne quand on travaille.	Das Geld, das man verdient, wenn man arbeitet.

Die Lernkartei

Start am ersten Tag:

1. Schritt (nachmittags)	Beschrifte als erstes 7 Vokabelkarten (DIN-A7): Schreibe die Vokabel und einen Beispielsatz auf die Vorderseite und die deutsche Übersetzung auf die Rückseite.

Lerne nun diese Vokabeln.

Jede *gekonnte* Karte kommt ins   Fach 2

Jede *nicht gekonnte* Karte kommt ins   Fach 1

2. Schritt (abends)   **Wiederhole** alle Karten aus den Fächern 1 und 2. Die *gekonnten* Karten wandern ein Fach weiter, also in die Fächer 2 und 3.

Jede *nicht gekonnte* Karte kommt ins   Fach 1

In der Woche (Montag, Dienstag, Mittwoch, Donnerstag):

1. Schritt (nachmittags)   **Wiederhole** alle Karten aus den Fächern 1, 2 und 3.

Die *gekonnten* Karten wandern ein Fach weiter, also in die Fächer 2, 3 und 4.

Beschrifte 7 neue Kärtchen.

Lerne nun diese Vokabeln.

Jede *gekonnte* Karte kommt ins   Fach 2

Jede *nicht gekonnte* Karte kommt ins   Fach 1

2. Schritt (abends)   **Wiederhole** alle Karten aus den Fächern 1 und 2. Die *gekonnten* Karten wandern ein Fach weiter, also in die Fächer 2 und 3.

Jede *nicht gekonnte* Karte kommt ins   Fach 1

Jedes Wochenende (Freitag, Samstag oder Sonntag):

Wiederhole alle Karten aus dem Fach 4.

Jede *gekonnte* Karte kommt ins   Fach 5

Jede *nicht gekonnte* Karte kommt ins   Fach 1

Nach einem Monat:

Wiederhole alle Karten aus dem Fach 5.

Jede *gekonnte* Karte kommt ins   Fach 6

Jede *nicht gekonnte* Karte kommt ins   Fach 1

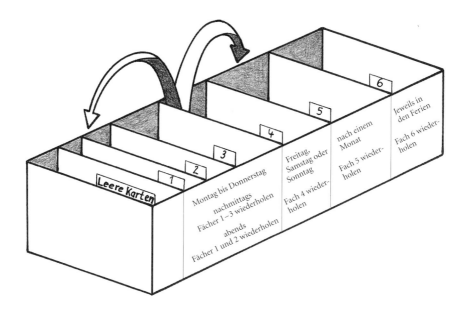

Leere Karten

1

2 · Montag bis Donnerstag nachmittags Fächer 1–3 wiederholen · abends Fächer 1 und 2 wiederholen

3

4 · Freitag, Samstag oder Sonntag · Fach 4 wiederholen

5 · nach einem Monat · Fach 5 wiederholen

6 · jeweils in den Ferien · Fach 6 wiederholen

Jeweils in den Ferien:

Wiederhole alle Karten aus dem Fach 6.

Jede *gekonnte* Karte wird aussortiert*

Jede *nicht gekonnte* Karte kommt ins Fach 1

(* Nach einem Halbjahr ist der Kasten voll. Sortiere alle Karten alphabetisch, dann hast du ein eigenes Wörterbuch! Fange einen neuen Kasten an.)

Hast du zu Hause einen Computer, kannst du mit einem Vokabelprogramm genauso regelmäßig üben. Diese Programme arbeiten wie die Lernkartei.

Stufe III: Wiederholung muss sein – Langeweile nicht.
Die Neugier anregen

Damit gelernte Vokabeln nicht einzeln (unverbunden) in deinem Kopf umherschwirren, musst du sie ordnen. Auch deine Socken findest du schneller, wenn dein Schrank aufgeräumt ist.

Hierzu gibt es mehrere Alternativen:

- Zeichne dir eine Gedächtnislandkarte (eine Mindmap).

   Schreibe auf Französisch in die Mitte eines DIN-A4-Blattes ein Thema, das dich interessiert (z. B. «C'est moi» oder «À la discothèque»). Notiere zunächst Hauptpunkte, die du dann in Einzelheiten unterteilst.

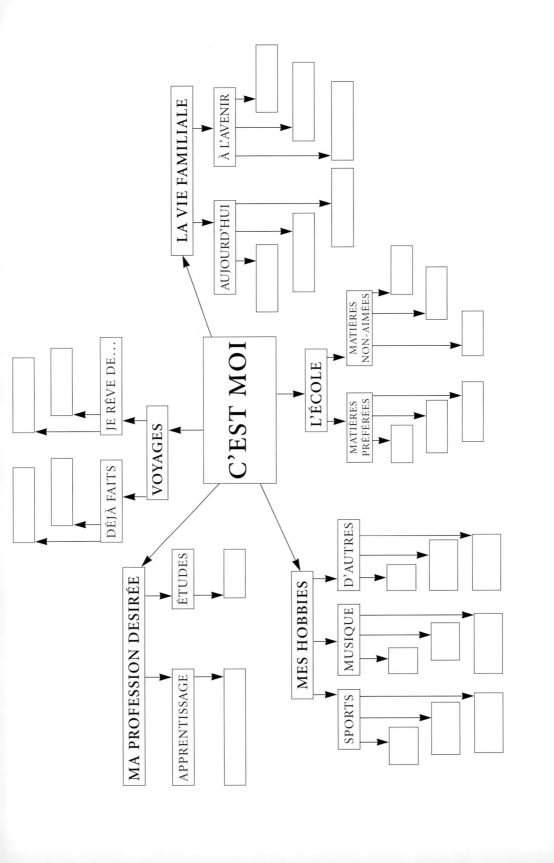

C'EST MOI

LA VIE FAMILIALE

AUJOURD'HUI

À L'AVENIR

VOYAGES

JE RÊVE DE…

DÉJÀ FAITS

MA PROFESSION DESIRÉE

ÉTUDES

APPRENTISSAGE

L'ÉCOLE

MATIÈRES PRÉFÉRÉES

MATIÈRES NON-AIMÉES

MES HOBBIES

SPORTS

MUSIQUE

D'AUTRES

Fehlt dir ein französisches Wort, schreibe erst einmal das deutsche Wort auf. Tausche am Schluss alle deutschen Begriffe gegen die französischen Vokabeln aus (Lexikon benutzen).

Die Gedächtnislandkarte prägt sich noch besser ein, wenn du Begriffe durch Bilder ergänzt. Du kannst sie selber zeichnen oder aus Illustrierten ausschneiden.

- Lege dir ein Vokabelringbuch an.

Auf die Registerblätter schreibst du Themen, die dich interessieren, z. B. «ma chambre», «les vêtements», «le sport», «les loisirs».

Auf den Seiten hinter dem Registerblatt sammelst du zu jedem Begriff passende Ausdrücke und Redewendungen. Versuche dabei, nach und nach bestimmte sprachliche Gruppen zu bilden:
– gegensätzliche Adjektive,
– sinn- und sachverwandte Wörter,
– idiomatische Wendungen, also typische Redewendungen (während wir manchmal «einen Frosch im Hals haben», sitzt bei den Franzosen «eine Katze im Hals»),
– Präpositionen.

Teile dir zum Lernen Siebener-Gruppen ein.

- Mach spielerisch weiter.

Schreibe auf die Vorderseite von grünen Kärtchen französische Vokabeln und auf die jeweilige Rückseite ein französisches Wort mit gleicher bzw. ähnlicher Bedeutung. Schreibe auf die Vorderseite von roten Kärtchen französische Vokabeln und auf die jeweilige Rückseite ein französisches Wort mit gegensätzlicher Bedeutung.

Spielregeln: Die Kärtchen liegen zu Beginn auf einem Stapel. Reihum nennt jeder Spieler den Gegenbegriff (mit ähnlicher oder gegensätzlicher Bedeutung) zu dem sichtbaren Wort. Wer diese Aufgabe richtig gelöst hat, erhält die Karte. Bei falscher Antwort kommt die Karte wieder unter den Stapel. Sieger ist, wer am Ende die meisten Karten hat.

- Benutze einen Kniff der alten Griechen.

Schreibe alle Vokabeln, die nicht in den Kopf wollen, auf kleine Haftzettel. Verteile diese dann an Stellen in der Wohnung, an denen du oft vorbeigehst. Jedesmal, wenn du an ihnen vorbeikommst, wirfst du einen Blick auf die Zettel – mehr nicht. So verbinden sich bestimmte Orte mit bestimmten Wörtern. Gehst du später in Gedanken die Wegstrecke ab, tauchen auch die Wörter wieder auf.

Die Sache mit dem Lernplateau

Der Weg zu besserem Können ist kein gerader Weg. Trotz regelmäßigen Übens tritt man immer wieder einmal eine Zeit lang auf der Stelle. Denn so entwickelt sich das Können:

(In: Leonard, George: Der längere Atem. Die Meisterung des Alltäglichen. Wessobrunn 1994, S. 24)

Den Beginn der Lernkurve muss man sich etwas oberhalb des Nullpunktes vorstellen, denn sie berücksichtigt Vorwissen und bereits vorhandenes Können. Man arbeitet eine Zeit lang (erster waagerechter Strich), dann kommt ein Anstieg des Könnens, dann fällt es wieder ein Stück ab, dann folgt ein **Plateau** (zweiter waagerechter Strich). Nach einer gewissen Zeit gibt es wieder einen Sprung, einen erneuten Abfall – und dann schließt sich wieder ein Plateau an (dritter waagerechter Strich). Und **so** geht es auch weiter.

Dies muss man wissen, um nicht die Lust zu verlieren, wenn das Können nach dem ersten deutlichen Anstieg nicht kontinuierlich ansteigt. Wenn wir in der Plateau-Phase, in der es momentan nicht vorwärts zu gehen scheint, mit dem Training (Üben) fortfahren und weiterhin z. B. unsere fünfzehn Minuten pro Tag einhalten, kommt auch irgendwann der nächste Sprung.

Was sagt die Kurve den Schülern? **Geduld aufbringen, nicht aufgeben, weiterlernen.**

Eltern und Lehrer bewahrt sie vor dem allzu raschen Vorwurf: «Du arbeitest nicht genug!»

Eines der heißen Eisen im Schulalltag:
Die Klassenarbeiten

«Nächste Woche schreiben wir eine Arbeit!»

Die Stunde der Bewährung für Schülerinnen und Schüler. Aber auch für Lehrer und Eltern.

Gerade Klassenarbeiten können Schüler so stark verunsichern, dass sie das Vertrauen in die eigene Leistungsfähigkeit verlieren.

Lehrer könnten auf die Idee kommen, über schwere Aufgaben und einen besonders strengen Notenschlüssel die Klasse «auszulichten».

Eltern reagieren häufig nur auf einen einzigen Punkt, die Note. Lob und Belohnung für die Zwei, Tadel und Bestrafung wegen der Fünf.

Die Zensur ist zwar eine «kleine» Zahl, aber eine mit «großen» Folgen.

An die Note sind Berechtigungen geknüpft, die erheblichen Einfluss auf den Lebensweg des Schülers haben, von der Versetzung in die nächsthöhere Klasse bis zum Erhalt eines Studienplatzes.

Der nun folgende Abschnitt soll Lehrkräfte anregen, das Thema «Wir schreiben eine Klassenarbeit» zu überdenken und die eigene Praxis zu überprüfen. Er ist dem bereits zitierten Band von Becker u. a. (1980, S. 388 ff.) entnommen.

«Leistungskontrollen sind eines der heißesten Eisen des Schulalltags. Mit ihnen verbunden sind so negative Assoziationen wie Schulangst, Konkurrenzdenken, Unehrlichkeit, Leistungsdruck. Um Leistungskontrollen kommt die Schule jedoch nicht herum.

Wenn Sie eine schriftliche Arbeit schreiben lassen, müssen Sie sich zunächst Gedanken darüber machen, welche Art der Leistungsüberprüfung angemessen ist, wie Sie Ihre Schüler darauf vorbereiten, worauf Sie bei der Durchführung achten, wie Sie die Arbeiten korrigieren und bewerten und wie Sie die Rückgabe der Arbeiten gestalten.»

Die Klassenarbeiten vorbereiten

Die Lehrerin oder der Lehrer

– *definiert die Anforderungen*

Z. B.: «Wir sprechen noch einmal darüber, worauf es bei einem Aufsatz ankommt.»

- *gibt die erlaubten Arbeitsmittel an*
  Z. B.: «Ihr könnt ein Wörterbuch verwenden.»
- *erläutert die Art der Aufgabenstellung und die Formulierungen in den Arbeitsanweisungen*
  Z. B.: «Jede Aufgabe besteht aus einer Frage und fünf Antworten. Nur eine ist richtig, die müsst ihr ankreuzen. ‹Begründe deine Entscheidung› heißt, dass ihr in einem ganzen Satz erklären sollt, warum gerade diese Antwort die richtige ist.»
- *gibt Hinweise zur Einteilung der Zeit*
  Z. B.: «Es sind drei Aufgaben. Ihr habt für jede ungefähr zehn Minuten Zeit. Achtet darauf, dass ihr euch nicht an einer festbeißt.»
- *teilt den Bewertungsmaßstab mit*
  Z. B.: «Für die ersten beiden Aufgaben gibt es fünf, für die dritte sieben Punkte.»
- *führt in Arbeitstechniken ein*
  Z. B.: «Wir üben jetzt noch einmal das Überblickslesen und das Unterstreichen der wichtigsten Wörter.»
- *spricht ermutigend und freundlich*
  Z. B.: «Die Art der Aufgaben haben wir geübt, ihr könnt zuversichtlich an die Klassenarbeit gehen.»
- *regt zu Rückfragen an*
  Z. B.: «Jetzt zu euren Fragen. Was möchtet ihr noch wissen?»

Die Schüler betreuen

Die Lehrerin oder der Lehrer
- *stellt eine entspannte Atmosphäre zu Beginn der Arbeit her*
  Z. B.: «Guten Morgen! Ich teile jetzt die Arbeitsblätter aus. Lest erst einmal in Ruhe, dann beantworte ich noch eure Fragen, falls etwas unklar ist.»
- *schreibt wichtige Zusatzinformationen an die Tafel*
  Z. B.: «Das Fremdwort in Zeile drei bedeutet ‹Teilung›.»
- *kümmert sich um Schüler, die sich melden*
  Z. B.: Sie (er) sucht den Schüler an seinem Platz auf und klärt mit ihm das Problem im Flüsterton.
- *weist etwa zehn Minuten vor dem Ende der Arbeit auf die Zeit hin*
  Z. B.: «Geht jetzt möglichst zur letzten Aufgabe über; noch zehn Minuten Zeit.»

Die Arbeit nachbesprechen

Die Lehrerin oder der Lehrer

- *liest einzelne Arbeiten vor, erläutert bestimmte Stellen; lässt einzelne Arbeiten vorlesen*
  Z. B.: «Die Folgen dieser Maßnahme hat Holger sehr deutlich beschrieben. Hört mal zu.» – «Mirjam, lies uns deine Antwort auf Frage eins vor.»
- *fordert zur Stellungnahme auf*
  Z. B.: «Was meint ihr zu Gerrits Argument?»
- *nimmt eine Fehleranalyse vor*
  Z. B.: «Die wörtliche Rede ist von den meisten nicht richtig in den Satz eingefügt worden. Das besprechen wir noch einmal.»
- *leitet zur selbständigen Fehleranalyse an*
  Z. B.: «Streicht mit einem grünen Stift zwei oder drei Fehler an, die ihr schon öfter gemacht habt.»
- *leitet zu Übungen an (Bezug: Fehlerschwerpunkte)*
  Z. B.: «Schreibt je drei Übungssätze zu den schwierigen Stellen, die ihr selbst ermittelt habt.»
- *begründet die Notengebung*
  Z. B.: «Diesen Aufsatz habe ich mit ‹Gut› bewertet, weil…»
- *gibt Hinweise für eine sinnvolle Berichtigung*
  Z. B.: «Ich habe einige Punkte aufgeschrieben, an die ihr euch halten sollt. Wir gehen sie jetzt mal einzeln durch.»

Diese (überarbeitete) Liste ist als Orientierung anzusehen. Abänderungen und Ergänzungen sind möglich.

Dauerbrenner Hausaufgaben

Sinn oder Unsinn der Hausaufgaben: Diese Diskussion flackert immer wieder einmal auf – und dann heftig, zum Beispiel beim Erscheinen einer neuen wissenschaftlichen Untersuchung.

Ein Gegner dieser Tätigkeit kann mühelos mit Hilfe mehrerer Bücher zu diesem Thema «beweisen», dass Hausaufgaben *keine Steigerung der Lernleistung* mit sich bringen (Becker u. a. 1980, S. 359).

Warum geht dann aber die Arbeit in den Schulen völlig unberührt von solchen Ergebnissen weiter? Weil sich alle einig sind, Eltern wie Lehrer wie Schüler: Hausaufgaben gehören zur Schule wie die Butter zum Brot.

Dieses Thema also abhaken?

Nein, gerade die eben zitierte Einigkeit sollte positiv genutzt werden.

Denn Hausaufgaben stellen erhebliche Ansprüche an die Zeit, die Kraft und das methodische Können der Schüler (und der Familie). Aus der Not geborene Maßnahmen machen dann dieses Betätigungsfeld zu einer Grauzone der Pädagogik. Dazu einige Stichworte: dilettierende Mütter und Väter als unbezahlte Hilfslehrer; Krach in der Familie (Wann die Aufgaben erledigen? Wie? Sollen die Eltern helfen?); Konflikte zwischen Schülern und Lehrern; Tarnen und Täuschen (Ausreden, Abschreiben, zusätzlicher Computer-Ausdruck).

Da sich an der äußeren Situation auf absehbare Zeit nichts ändern wird («Hausaufgaben gehören dazu!»), sollte die Planung dieser Aufgaben so angelegt sein, dass die positiven Aspekte der häuslichen Vor- und Nachbereitung erhalten bleiben: üben, wiederholen, im eigenen Tempo arbeiten, eigene Akzente setzen, selbständig lernen.

Becker und seine Mitautoren (1980) halten Hausaufgaben für sinnvoll, wenn sie

- nicht regelmäßig erteilt werden,
- den Voraussetzungen der Schüler entsprechen,
- ohne fremde Hilfe erledigt werden können,
- nicht zu umfangreich sind,
- direkt zum Unterricht gehören,
- den Schülern Spaß machen oder zumindest als Training einleuchten,
- nicht als Strafe erteilt werden.

Die Autoren bieten dem Lehrer bestimmte Vorgehensweisen zur Auswahl an. Die Liste erscheint hier in überarbeiteter Form.

Die Aufgabe stellen

Die Lehrerin oder der Lehrer
- *stellt allen Schülern die gleiche Aufgabe*
  Z. B.: «Ich habe ein Blatt vorbereitet, das ihr zu Hause bearbeiten sollt.»
- *stellt den Schülern verschiedene Aufgaben zur Wahl*
  Z. B.: «Es bleibt jedem freigestellt, welche der drei Aufgaben er rechnet.»
- *fordert auf, selbst Aufgaben zu suchen*
  Z. B.: «Überlegt euch drei weitere Aufgaben; guckt auch ins Lexikon.»

- *macht den Sinn der Aufgabe klar*
  Z. B.: «Mit dem Zirkel müsst ihr umgehen können, damit die Zeichnungen exakt werden.»
- *gibt die Vorgehensweise an oder vereinbart sie mit den Schülern*
  Z. B.: «Lest zunächst den Abschnitt im Geschichtsbuch, seht euch dann die Karte im Atlas an und schreibt danach drei Fragen auf, die euch interessieren.» – «Lasst uns überlegen, wie ihr am besten vorgeht.»
- *gibt eine Richtzeit an*
  Z. B.: «Arbeitet eine Stunde daran. Wenn es dann noch nicht fertig ist, hört ihr an der Stelle auf.»
- *vergewissert sich, ob die Aufgabe verstanden worden ist*
  Z. B.: «Wer wiederholt in seinen Worten, was gemacht werden soll?»

Die Aufgabe besprechen

Die Lehrerin oder der Lehrer
- *nennt den Sinn (den Stellenwert) der Hausaufgabe*
  Z. B.: «Mit Hilfe dieser Ergebnisse können wir dann die Arbeitsaufträge für die Gruppen festlegen.»
- *erfragt die Art des Vorgehens*
  Z. B.: «In euren Heften stehen jetzt viele Fragen. Wie machen wir am besten weiter?»
- *lässt Ergebnisse vortragen*
  Z. B.: «Michaela, lies bitte vor.» – «Wer möchte als erster vorlesen?»
- *fordert zur Überprüfung auf*
  Z. B.: «Tauscht bitte eure Hefte aus und überprüft die Ergebnisse.» – «Fragt euch in den nächsten zehn Minuten gegenseitig ab.»
- *hakt die Lösungen im Heft ab*
  Z. B.: «Lasst mich einen Blick auf eure Lösungen werfen.»
- *nimmt hin und wieder die Hefte (einige Hefte) mit nach Hause, schreibt einen Kurzkommentar unter die Beiträge*
  Z. B.: «Birgit, Stefan, Cornelia und Astrid, gebt mir bitte eure Hefte mit.» – «Füge bitte noch das Datum und eine Überschrift hinzu. Du hast die Aufgaben richtig gelöst und sauber gearbeitet. Ich hoffe, es hat dir auch Spaß gemacht.»
- *fragt nach den Ursachen, wenn die Aufgabe nicht gelöst wurde*
  Z. B.: «Erzähl mal, wie es dir zu Hause damit ergangen ist.»

Jede Verhaltensform wird von den Autoren in ihrem Buch erläutert und begründet. Die Liste ist aber nicht zum «Abarbeiten» Punkt um Punkt gedacht. Lehrerinnen und Lehrer können daraus diejenigen Aspekte herausgreifen, die sie als wichtig oder hilfreich ansehen. Natürlich sind auch Ergänzungen und Abänderungen möglich.

Gute Gemeinschaft gewünscht – aber Konkurrenz im Nacken

Auch im Schulleben sollte man als selbstverständlich ansehen, was in Unternehmen längst gang und gäbe ist: das Betriebsklima zu pflegen und die (Klassen-)Gemeinschaft zu fördern. Also nicht erst zu reagieren, wenn ein Konflikt sich bereits zugespitzt hat und der Haussegen schief hängt.

Die Schule bildet in noch stärkerem Maße eine Zwangsgemeinschaft als ein Wirtschaftsunternehmen. Ausweichen per «Kündigung» kommt für einen Schüler aber normalerweise nicht in Betracht.

Wenn in einer Zwangsgemeinschaft die Bedürfnisse und die unterschiedlichen Interessen der Einzelnen aufeinander treffen, sind Störungen und Konflikte eine normale Sache. Dann muss ein fairer Interessenausgleich gefunden werden. Dies gelingt nur, wenn man sich gegenseitig ernst nimmt und unterschiedliche Ansichten respektiert.

Eine Frage des Umgangs miteinander und des Interesses aneinander.

Blättert man Abiturzeitungen durch oder schaut man sich Schuljahrbücher an, kehrt ein bestimmter Eindruck immer wieder: Hier rechnen Schülerinnen und Schüler ab, mit der Schule im Allgemeinen und mit einzelnen Lehrkräften im Besonderen. Nicht selten in ruppigem Ton und mit Anspielungen auf persönliche Eigenheiten.

Offen und couragiert gegen Missstände angehen, dabei aber nicht gleich die Brücken zum Gesprächspartner abreißen, ihm bei allen Unterschieden in den Ansichten mit Respekt begegnen: wo lernen unsere Schülerinnen und Schüler das? Von ihren Lehrerinnen und Lehrern?

Jede Liste der heutzutage in der Berufswelt erforderlichen Qualifikationen enthält den Punkt «Teamfähigkeit». Dieses Schlagwort steht als Sammelbegriff für bestimmte Anforderungen in der modernen Arbeitswelt.

Bereit und fähig sein, mit anderen verträglich zusammenzuarbeiten. Abweichende Meinungen als Erweiterung der Handlungsmöglichkeiten verstehen. Probleme nicht im Alleingang, sondern nach Absprachen gemeinsam lösen. Die Phantasie und das vielfältige Denken des Teams für einen kreativen Umgang mit Schwierigkeiten nutzen.

«Der Umgang mit Vorgesetzten, Untergebenen, Kollegen und manchmal auch mit Kunden, Klienten und anderen Personengruppen ist heutzutage ein Kennzeichen moderner Arbeitsteiligkeit. Sie alle bringen Erwartungen mit an Zusammenarbeit, an Zuarbeit, an Leistungen bestimmter Menge und Qualität, Erwartungen an das Miteinanderauskommen und an den Umgang miteinander» (Blaschke 1992, S. 307).

Da auch die «Schlüsselqualifikation Teamfähigkeit» geduldig eingeübt werden muss, liegt hier eine langfristige Aufgabe der Schule. Miteinander sprechen, damit nicht Vermutungen oder Vorurteile das Feld beherrschen. Regelungen gemeinsam entwickeln und auf autoritäre Maßnahmen verzichten. Lebendiges Lernen bevorzugen, das den Verstand fordert, aber auch die Phantasie nutzt und die Gefühle berücksichtigt. Sich gegenseitig kennen lernen, damit man fair miteinander umgehen kann. Sich austauschen, damit Angst abgebaut wird: alle diese Punkte sind als Einstieg zur Weiterentwicklung unserer Schulen geeignet. Niemand kann alles auf einmal erreichen. Aber wenn viele ihren Weg finden zu mehr Menschlichkeit im Unterricht und zu einem ganzheitlich angelegten Lernprozess, wird aus dem Paukbetrieb Schule ein Ort gemeinsamen Lernens.

Die folgenden Beispiele wollen dazu anregen, etwas davon auszuprobieren – oder eigene Ideen zu entwickeln und diese dann mit den Schülerinnen und Schülern in die Praxis umzusetzen. Hier bietet sich auch an, Möglichkeiten der Zusammenarbeit mit Kolleginnen und Kollegen auszuloten; denn wenn die Schüler ihren Lehrer als teamfähig erleben, wird sich dieses Wort für sie mit Leben füllen.

Nicht ohne meine Freundin: Konfliktfall Sitzordnung

Eine Klasse ist zunächst nichts anderes als eine zufällige Mischung von Kindern eines Altersjahrgangs, ein Zweckverband mit von außen gesetzten Zielen und Werten. Es ist deshalb abwegig, von einem Modell perfekter Harmonie im Klassenzimmer auszugehen und jeden Konflikt als Unglück, persönliches Versagen oder als schädlich für das Zusammenleben anzusehen.

Karikatur von Reinhold Löffler
(In: erziehung und wissenschaft, 20.3.1992, S. 13)

Meinungsverschiedenheiten und Konflikte – z. B. in der Frage: Wer sitzt wo? – sind vielmehr normaler Bestandteil des sozialen Lebens. Sie können für Gruppen durchaus konstruktiv sein, da eine wichtige Voraussetzung für viele spätere Tätigkeiten darin besteht, unterschiedliche Standpunkte und Kenntnisse aufeinander abzustimmen.

Bereits die Regelung der Sitzordnung bringt ein Gespräch über den Umgang miteinander in Gang. Sie darf aber nicht eine willkürliche Maßnahme des Lehrers sein, die von der gegebenen Situation völlig absieht. In einer durch mancherlei Unsicherheiten bestimmten Anfangssituation, in der vorsichtig sozialer Kontakt aufgenommen wird, kann die gemeinsame Klärung, wer wo mit wem sitzt, Orientierung bieten und Ängste voreinander abbauen.

Das Rezept für eine optimale Sitzordnung gibt es nicht. Es ist wichtig, dass sich ein Kind in der Schule wohl fühlt. Wenn es neben jemandem sitzt, den es nicht mag oder der es immer wieder stört, kann es sich nicht konzentrieren und gut mitarbeiten. Dadurch kann es schnell die Lust an der Schule verlieren.

Und für die etwas Älteren: «Headline»!

Als Möglichkeit des Kennenlernens für höhere Jahrgänge kommt eine Art Reporterspiel in Frage. Zwei Schüler interviewen sich gegenseitig, notieren das Gehörte stichwortartig und schreiben dann einen Artikel, in dem sie den Gesprächspartner vorstellen. Diese Beiträge können im Klassenraum aufgehängt oder in der Klassenzeitung abgedruckt werden. Wenn Lehrer und Schüler sich besser kennen lernen und sich gegenseitig ernst nehmen, können sie die eigenen Fähigkeiten ungehindert entfalten und voneinander profitieren.

Anfangen und allmählich ausbauen.
So entwickelt man ein Förderkonzept

Viele Ideen, viele Vorschläge. Wie anfangen? Einen günstigen Rahmen bietet der Förderunterricht. Dort ist die Gruppe klein, der übliche Stoffverteilungsplan außer Kraft gesetzt, die Wertschätzung der Arbeit sichergestellt.

Horst Kaspers (1995) Bild von der Schule als Baustelle regt dazu an, mit einem Fachwerk zu beginnen, das vom persönlichen Interesse oder von der Situation in der Lerngruppe her besonders aktuell erscheint (vgl. Abbildung S. 84).

Hat man im besonderen Rahmen des Förderunterrichts seine ersten Erfahrungen gesammelt, fällt vielleicht der Blick auf ein weiteres Fachwerk, das die Arbeit lohnt. Gelingt es darüber hinaus, einige Kolleginnen und Kollegen für dies konkrete, begrenzte Projekt zu gewinnen, hilft Kasper weiter. Im zweiten Teil seines Buches listet er ein «Instrumentarium» auf und gibt Tipps für die Erprobung in der Praxis.

Aus dem ursprünglichen Ansatzpunkt – Förderunterricht als Start in ein neues methodisches Arbeiten – ist ein größerer Kreis geworden; neue Unterrichtsverfahren gelangen in den Schulalltag. Inhaltlich gesprochen: Wer das Interesse seiner Schülerinnen und Schüler am Unterricht erhalten oder neu wecken möchte, könnte zum Beispiel in Absprache mit ihnen einen ersten Bestandteil der suggestopädischen Methode ausprobieren, «eine entspannte, angenehme Lernatmosphäre herstellen».

Erfahrungen anderer helfen weiter. Großunternehmen wie Audi, Lufthansa, Siemens, Telekom und Bosch nutzen das suggestopädische Verfahren seit Jahren in der innerbetrieblichen Aus- und Weiterbildung. Denn es stellte sich schnell heraus, dass mit einem ganzheitlichen Verfahren größere Lernerfolge erzielt werden können. «In der Schule hingegen, dem eigentlichen Ort des Lernens, fristet die Suggestopädie ein Schattendasein» – so Thilo Castner und Klaus Koch (1995, S. 4) in einem Erfahrungsbericht über Umsetzungsversuche in der Schulpraxis. Die Autoren verweisen aber darauf, dass sich eine Entwicklung zum Besseren in vielfältigen Ansätzen zeige. Sie raten zur Bescheidenheit: «Klein anfangen, zunächst nur einzelne Elemente der Suggestopädie einbauen, um sich selbst nicht zu überfordern und um die Schüler nicht zu verunsichern.» Sie empfehlen einen langen Atem: «Anfängliche Schwierigkeiten und Misserfolge sind wahrscheinlich und

Eine pädagogische Baustelle

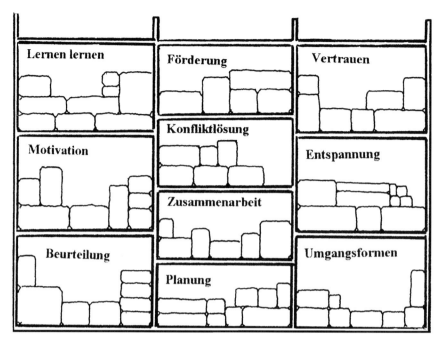

(In: Kasper, Horst: Kreative Schulpraxis. Vom Unterrichtsprojekt zum Schulprogramm. Lichtenau und München 1995, S. 69)

sollten nicht entmutigen. Die Erfolgserlebnisse werden sich bei zunehmender Vertrautheit mit der Methode ganz sicher einstellen.» Ihr Fazit: «Trotz der bescheidenen methodischen Veränderungen haben wir durch die Übernahme suggestopädischer Elemente in den Unterricht Erleichterung bei unserer täglichen Arbeit verspürt. Uns fällt es leichter, bei Unterrichtsstörungen, Unkonzentriertheit oder Aggressionen souverän zu bleiben und angemessen zu reagieren. Denn unser Blick wurde dafür geschärft, wie Schülern das Lernen reizvoller angeboten werden kann» (S. 5).

Wer sich mit neuen Methoden des Lernens und Lehrens vertraut machen möchte, findet in dem Buch von Franz Decker (1995) viele Informationen und Anregungen.

Lehrerkooperation – nur positiv

Frei nach Polt und Müller (1996) geht's «im richtigen Leben» so zu.

Lehrer A sperrt um 8.05 Uhr das Klassenzimmer von innen ab. Er hat letzte Woche eine Verabredung mit seiner Klasse gegen das häufige Zuspätkommen getroffen und handelt danach.

Lehrerin B befindet sich um diese Zeit selbst noch gar nicht in ihrem Klassenraum.

Lehrerin C toleriert entsprechend der einstimmig beschlossenen Hausordnung keine rauchenden Schüler auf dem Schulhof. Lehrer D raucht selbst auf dem Schulhof. Und so weiter. Und so fort.

Ungereimtheiten sind auch Manfred Sylvanus (1992, S. 8) aufgefallen, der mittags den Berichten seiner Tochter aus dem Schulleben zuhört. In einem Leserbrief an eine Lehrerzeitschrift stellt er die Frage: «Wieso arbeiten Lehrer fachlich eigentlich so wenig zusammen? Jeder zieht seinen Stoff durch, sie spalten die Köpfe unserer Kinder in lauter ‹Fachdisziplinen› auf, und wie das alles hinterher zusammenwachsen soll, schert keinen.»

Antwort hat er auch erhalten. Ein Lehrer vermutet in seinem Gegenleserbrief, «Vater Sylvanus» sei über den Haupthinderungsgrund der Kooperation, die immense Arbeitsbelastung der Lehrer, gar nicht informiert. Deshalb sein Vorschlag: «Vater Sylvanus begleitet mich während meiner Arbeitszeit, und zwar sowohl in der Schule als auch am häuslichen Arbeitsplatz. Herr Sylvanus muss weder Unterricht vorbereiten noch unterrichten. Er soll mich nur begleiten. Ich erwarte jedoch, dass er während meiner Nachtarbeit nicht einschläft!»

Eine andere Stelle des Vaterbriefs gibt schließlich Gelegenheit, auch etwas Positives zu berichten. Herr Sylvanus hat nämlich außerdem bemängelt, «dass sich die Klassenarbeiten ständig zusammenballen. Irgendwo soll da so ein Koordinationsbuch o. Ä. stehen, nur merken die Kinder nichts davon.»

Diesen Punkt, «gehäufte Klassenarbeiten in bestimmten Phasen des Schuljahres», greift ein Lehrer auf. Seinem Kollegium legt er den Antrag vor, zu Beginn der beiden Schulhalbjahre die Klassenarbeiten in einen «Terminplaner» einzutragen. «Dann können wir alle gemeinsam darauf achten, dass in einer Woche wirklich nur maximal drei schriftliche Arbeiten liegen.» Der Antrag kommt mit großer Mehrheit durch.

Antrag an die Gesamtkonferenz

Die Gesamtkonferenz möge beschließen, im Schuljahr 1995/96 versuchsweise die Abstimmung der Termine für schriftliche Arbeiten durch ein dem Klassenbuch beigelegtes Terminblatt vorzunehmen. Begründung: In den Klassen der Mittelstufe häufen sich erfahrungsgemäß in bestimmten Phasen des Schuljahres die schriftlichen Arbeiten in den verschiedenen Fächern. Um den Schülerinnen und Schülern die Chance zu geben, sich jeweils gut vorzubereiten, sollten wir durch die Eintragung der beabsichtigten Klausuren in ein Formblatt den beteiligten Lehrkräften wie dem zuständigen Klassenlehrer eine Übersicht an die Hand geben. Mit ihrer Hilfe kann eine gleichmäßigere Verteilung der Arbeiten erreicht werden: In kritischen Situationen wendet sich der Klassenlehrer an den betreffenden Fachlehrer und bittet ihn, einen Ausweichtermin vorzuschlagen.

Hier zwei Beispiele für Häufungen bei den geplanten Klassenarbeiten in dieser und in der folgenden Woche.
a) Für eine neunte Klasse vorgesehen:
   Mi. 02.03.   Französisch-Arbeit
   Do. 03.03.   Mathematik-Arbeit
   Fr. 04.03.   Musik-Arbeit
   Di. 08.03.   Chemie-Arbeit
   Mi. 09.03.   Latein-Arbeit
Hier sind fünf Arbeiten in acht Tagen; außerdem folgen drei Klausuren unmittelbar aufeinander (Mi., Do., Fr.).

b) Eine achte Klasse betreffend:
   Do. 10.03.   Englisch-Arbeit
   Fr. 11.03.   Französisch-Arbeit
   Mo. 14.03.   Religions-Arbeit
   Di. 15.03.   Erdkunde-Arbeit
   Do. 17.03.   Physik-Arbeit
Auch hier also fünf Arbeiten innerhalb von acht Tagen.

«Endlich kapiert!
Mein Lerntrainer sagt es klipp & klar!»

In den vorangegangenen Kapiteln standen die Eltern und die Lehrer im Mittelpunkt. Viel war die Rede von Möglichkeiten des Helfens und Stützens, von Materialien, Methoden, Ideen.

Die Förderung und Unterstützung von Schülerinnen und Schülern ist ein mühsames Geschäft und kann zudem den Familienfrieden arg strapazieren.

Sicherlich kann man viel tun, die Angebote liegen auf dem Tisch. Vieles wird jedoch durch die Alltagsmühle zu Staub zermahlen. Etwa die Bereitschaft, die eigene Tätigkeit zu unterbrechen oder zu verschieben, die Geduld, dem Kind zuzuhören und Fragen zu stellen, die Gelassenheit, wenn auch der dritte Übungsgang nicht zum Verständnis führt.

Wie viele Nachmittage pauken Eltern mit ihrem Kind für die Schule. Sie denken sich Aufgaben aus, suchen nach Erklärungen und überlegen, ob Lösungswege richtig oder falsch sind. Aber nicht nur das zerrt an ihren Nerven, auch die Stimmung ist mies. Wenn Eltern mit ihrem Kind gemeinsam für die Schule büffeln, ist dies oft mit Auseinandersetzungen und Tränen verbunden. «Ich kapier das eh nie.» – «Ich will endlich zu meinen Freunden.» – «Mein Lehrer hat mir das aber ganz anders erklärt.» Und die Eltern hatten sich den Nachmittag wahrscheinlich auch schöner vorgestellt.

Selbst wenn Sie, liebe Eltern, im Moment gestresst und ratlos sind: In der Regel können Kinder jeden Lernstoff begreifen. Wichtig ist, dass durch eine abwechslungsreiche Darbietung des Stoffes individuelles Lernen ermöglicht und Freude an der Auseinandersetzung mit einem Thema gefördert wird. Hier liegt eine Stärke der *klipp & klar Lerntrainer* aus dem Rowohlt Verlag. Aber der folgende Aspekt dürfte für Sie der allerwichtigste sein: Mit den *klipp & klar Lerntrainern* kann Ihr Kind *selbständig* arbeiten: Der Lernstoff wird verständlich, anschaulich und in kleinen Schritten dargestellt. Lerntipps erleichtern Ihrem Kind das Verstehen, Anwenden und Behalten. Durch Tests und Probeklassenarbeiten wird geprüft, ob das Gelernte auch sicher sitzt.

Die *klipp & klar Lerntrainer* räumen Probleme in bestimmten Fächern aus. Sie eignen sich auch hervorragend, wenn Ihr Kind sein Wissen über einzelne Themen aufpolieren oder sich gezielt auf eine Klassenarbeit vorbereiten möchte.

Die *klipp & klar Lerntrainer* helfen Ihnen dabei, dass die Nachmittage mit Ihrem Kind wieder entspannter verlaufen.

Und auch Sie, liebe Lehrerinnen und liebe Lehrer, können die Bände in Ihre Arbeit einbeziehen. Die folgende Liste informiert Sie über die Konzeption der Lerntrainer und über Einzelheiten, die für eine erste Einschätzung wichtig sind:

– Der Inhalt der Bände orientiert sich an den **Lehrplänen der Bundesländer.**

– Die vier Kriterien der **Textverständlichkeit** sind berücksichtigt.

Einfachheit: kurze Sätze, bekannte Wörter, Erklärungen zu den Fremdwörtern.

Gliederung und Ordnung: logischer Aufbau, Kennzeichnung der Beziehungen und Querverbindungen.

Kürze und Prägnanz: kurz und bündig, Beschränkung auf das Wesentliche.

Zusätzliche Anregungen: Beispiele, Zeichnungen, sprachliche Bilder (Analogien).

– Die **Einzelheiten** des Lernstoffs werden immer in den größeren Rahmen des Gesamtthemas eingefügt, um ihren Sinn und ihre Bedeutung klar zu machen.

– Der Lernstoff ist in **Lernetappen** eingeteilt.

– Die schrittweise formulierten Erläuterungen sind ein Beispiel für planmäßiges Arbeiten. Sie fördern die Bildung von **Lernstrategien** bei Schülerinnen und Schülern. Das Beherrschen solcher Verfahren ist eine entscheidende Voraussetzung dafür, dass Lernziele auch sicher erreicht werden.

– **Tipps** helfen beim Verstehen und Behalten.

– Hervorgehobene **Kernaussagen** und **Merksätze** machen aufmerksam auf das Wesentliche.

– **Vielfältige Übungsformen** sorgen für Abwechslung («Abwechslung schafft Freude!»).

– **Tests** helfen, das Gelernte nach jedem Lernabschnitt zu überprüfen.

– **Zusätzliche Wiederholungsübungen** sichern das langfristige Behalten.

- Die **Klassenarbeiten** ermöglichen dem Schüler eine realistische Einschätzung seines Lernfortschritts.
- **Vollständige Lösungen** und **Lösungswege** helfen bei der Fehleranalyse.
- Das Sachregister ermöglicht, die Lerntrainer-Bände als **Nachschlagewerke** zu nutzen. Die **wichtigsten Begriffe** sind in einem Kapitel komprimiert aufgelistet. Sie sichern den roten Verständnisfaden. In Kurzform stehen sie auf dem **Lesezeichen**, das Schüler auch in ihr Schulbuch legen können.
- **Lernspiele** motivieren, sich mit Freunden zu treffen und für ein Fach zu üben.
- Alle Lerntrainer-Bände für Fremdsprachen haben einen **Vokabeltrainer,** der sagt, wie es geht.
- Die Bände haben einen **überschaubaren Umfang.** Der zusätzliche Übungsaufwand ist also absehbar.
- Die phantasievolle und zugleich sachbezogene **grafische Gestaltung** weckt Neugier und regt dazu an, den Lernstoff einmal anders zu bearbeiten.

Der Titel dieses Kapitels bringt es zum Ausdruck: Mit den Bänden dieser Reihe wollen wir das selbständige Lernen der Schülerinnen und Schüler fördern. Wie bei der Freiarbeit oder der Wochenplanarbeit braucht man dafür gute Materialien. Die *klipp & klar Lerntrainer* erfüllen diesen Anspruch, weil sie neben anderen Aspekten die individuellen Lernvoraussetzungen der Schüler in besonderer Weise berücksichtigen.

Die Lerntrainer eignen sich zur **Differenzierung** im normalen Unterricht, für die Arbeit im **Förderunterricht** und als Material für den **Nachhilfeunterricht.**

Was ist wichtig? Womit beginnt man?
Wissenserwerb als Reise ins Unbekannte

Das letzte Kapitel drücken wir in einem Bild aus. Wir verdeutlichen damit die Struktur, das Gefüge eines Lernprozesses und zeigen daran, was besonders wichtig ist (vgl. S. 91).

Hat der Schüler einen Lernstoff vor sich, ist er in der Situation eines Reisenden, der in ein fremdes Land aufbricht. Fragen über Fragen! Wie kann er sich dort orientieren? Welche Sehenswürdigkeiten sind geradezu verbindlich, weil sie das Land charakterisieren? Wen bittet er vorher um Tipps für die Reise? Denn ganz unterschiedliche Punkte sind unter einen Hut zu bringen: kulturelle Angebote, touristische Leckerbissen, Freizeit, Faulenzen. Ohne Planung, ohne Überblick ist da nichts zu machen. Auch für den Schüler nicht, der in die Lernlandschaft aufbricht.

Orientierung? Die Himmelsrichtungen sind ein Anfang, beschriftete Wegweiser geben schon brauchbare Hinweise: Was befindet sich wo, wie groß ist das Ganze? Eine Auswahl ist ebenfalls zu treffen, wiederum möglichst an der Hand eines Experten. Welche Felder der Lernlandschaft sollten intensiv untersucht werden, welches Werkzeug passt dort am besten und welche Vorgehensweise bringt wichtige Informationen?

Der Reisende arbeitet seine Liste ab. Der Schüler wählt zur Bearbeitung eines wichtigen Feldes, sprich Textes, die 5-Schritte-Lesemethode: zur Kenntnis nehmen, immer tiefer in die inhaltliche Aussage und in den formalen Aufbau der Information eindringen, die Kernpunkte herausziehen, ordnen, das Lernergebnis in die persönliche Wissensstruktur einbauen und dort verankern.

Der Tourist macht Fotos, führt ein Tagebuch, kauft Ansichtskarten. Der Schüler entwirft Merksätze, macht eine Mitschrift, notiert Stichwörter für die Lernkartei, baut Eselsbrücken, nutzt Memorierhilfen.

Aber die Lernlandschaft erstreckt sich bis zum Horizont, die Stoffmengen sind so groß, dass Unterabteilungen entstehen müssen, Sätze von Kärtchen, die dann wieder umgruppiert werden können. Autoren wie Arno Schmidt und Jules Verne haben so gearbeitet, haben viele Kästen mit Zetteln gefüllt, um der Fülle an Eindrücken, Notizen, Zitaten Herr zu werden und das Material dann weiterzuverarbeiten (vgl. Naumann 1991, S. 15).

(Illustration Christof Tisch)

Macht der Lernexperte den Schüler mit der Aufzeichnungsform «Gedächtnislandkarte» (Mindmap) bekannt, steht auch ein Ordnungsmuster zur Verfügung, das die Fülle der Einzelheiten und den Blick auf das Ganze zugleich anbietet.

So ist der Lernende gut vorbereitet, den letzten Schritt zu vollziehen, der die Reise durch die Lernlandschaft zu einem persönlichen Erfolg macht. Nach dem Erfassen und soliden «Verwahren» der Einzelerkenntnisse auf der Gedächtnislandkarte nutzt er nun noch einmal sein Repertoire an Merkhilfen, um auch die Summe des Gelernten fest in seinem Gedächtnis zu verankern. Indem er sich dafür entscheidet, *chunks* als Gliederungshilfen einzusetzen, schließt er seine Reise durch ein Land des Wissens ab.

«Das Fassungsvermögen unseres Kurzzeitgedächtnisses ist arg begrenzt. Etwa sieben Elemente können wir gleichzeitig präsent halten, mehr nicht. Eine Zahlenreihe wie 2808174922031832 überfordert uns bei weitem. Wissen wir jedoch, dass das Goethes Lebensdaten sind, zerfällt sie in sechs Einheiten – und die machen keine Schwierigkeiten mehr.

Das Eigenartigste am Kurzzeitgedächtnis ist, dass nicht viel hineinpasst. Sieben ist seine geradezu magische Zahl. Es fasst etwa sieben Elemente

(plus/minus zwei): sieben Zahlen, sieben Buchstaben, aber auch sieben Wörter, die dann natürlich viel mehr als sieben Buchstaben haben werden. Die einzelnen Einheiten nämlich dürfen ruhig aus mehreren Bestandteilen bestehen, solange es uns nur gelingt, diese zu Sinneinheiten (sogenannten *chunks*) zusammenzufassen.

Eine lange Zahlenreihe wie 28817492231832 überfordert mit ihren 14 Stellen jedes Kurzzeitgedächtnis. Aber sobald wir sie in die sechs *chunks* 28.8.1749–22.3.1832 zerlegen, sind wir sehr wohl in der Lage, sie zu wiederholen; und erst recht, wenn wir merken, dass es sich dabei um Goethes Lebensdaten handelt. Dies Wissen reduziert sie nämlich auf zwei *chunks*.» (Zimmer, Dieter E., in: ‹DIE ZEIT magazin› Nr. 17, 17. April 1987, S. 48; Illustrator: Borislav Sajtinacund)

So entsteht «die Welt im Kopf» (Ernst Peter Fischer, 1985).

Literatur

Aktion Bildungsinformation e. V.: Ratschläge bei Nachhilfe (Merkblatt). Alte Poststraße 5, 70173 Stuttgart.

Becker, Georg E.; Clemens-Lodde, Beate; Köhl, Karl: Unterrichtssituationen. München 1980.

Birkenbihl, Vera F.: Stroh im Kopf? Speyer 1983.

Birkenbihl, Vera F.: Stichwort: Schule. Trotz Schule lernen! Speyer [6]1994.

Birkenbihl, Vera F.: Sprachenlernen leichtgemacht! Speyer [6]1995.

Blaschke, Dieter: Soziale Qualifikation. In: Bundesanstalt für Arbeit (Hrsg.): Handbuch zur Berufswahlvorbereitung. Hemsbach 1992, S. 307 ff.

Bönsch, Manfred: Üben und Wiederholen im Unterricht. München 1988.

Borchert, Manfred; Borchert, Monica; Derichs-Kunstmann, Karin; Kunstmann, Wilfried: Erziehen ist nicht kinderleicht. Frankfurt 1979.

Bothe, Eckart: klipp & klar Lerntrainer: Mathematik, 7. Klasse. Bruchrechnung, Proportionen, Dreisatz. Reinbek 1997.

Buzan, Tony: Kopftraining. München 1993.

Castner, Thilo; Koch, Klaus: Einsatz der Suggestopädie in Schule und Weiterbildung. In: WirtschaftsSpiegel Heft 1 / 1995, S. 4 – 6.

Cleveland, Bernard F.: Das Lernen lehren. Freiburg 1992.

Decker, Franz: Die neuen Methoden des Lernens und der Veränderung. Lichtenau und München 1995.

Dinkmeyer, Don; Dreikurs, Rudolf: Ermutigung als Lernhilfe. Stuttgart [5]1980.

Dreikurs, Rudolf; Soltz, Vicki: Kinder fordern uns heraus. Stuttgart 1981.

Ernst, Andrea; Herbst, Vera; Langbein, Kurt; Skalnik, Christian: Kursbuch Kinder. Köln 1993.

Etzold, Sabine: Ach, Bayern. Forscher stellen bajuwarischen Gymnasien schlechte Noten aus. In: DIE ZEIT, Nr. 28, 5. Juli 1996, S. 29.

Fischer, Ernst Peter: Die Welt im Kopf. Konstanz 1985.

Friedrich, Helmut Felix; Fischer, Peter Michael; Mandl, Heinz; Weis, Thomas: Vom Umgang mit Lehrtexten. Tübingen: Deutsches Institut für Fernstudien (DIFF) 1987.

Friedrich, Helmut Felix: Redutex – ein Trainingsprogramm zur reduktiven Verarbeitung von Sachtexten. Unveröffentlichte Erprobungsfassung.

Gordon, Thomas: Familienkonferenz in der Praxis. Hamburg 1978.

Grell, Jochen; Grell, Monika: Unterrichtsrezepte. München 1979.

Groeben, Norbert: Die Verständlichkeit von Unterrichtstexten. Münster [2]1978.

Hage-Ali, Uwe: Ab jetzt sind Lehrer versetzungsgefährdet! In: Deutsche Lehrerzeitung vom 25. 1. 1996, S. 7.

Helms, Fritz: Leserbrief. Betr.: HMS 1 / 92, S. 8, Fragen eines «Hamburg macht Schule» lesenden Vaters. In: Hamburg macht Schule 3 / 1992, S. 40.

Helms, Wilfried: Vokabeln lernen – 100 % behalten. München und Wien 1995.

Hentig, Hartmut von: Was ist eine humane Schule? München 1976.

Hühholdt, Jürgen: Wunderland des Lernens. Bochum [8]1993.

Jentzsch, Peter: Konspektieren – Exzerpieren. In: Praxis Deutsch, Heft 21 / 1977, S. 46–52.

Kasper, Horst: Kreative Schulpraxis. Lichtenau und München 1995.

Keller, Gustav: Das Klagelied vom schlechten Schüler. Heidelberg 1989.

Kleinschroth, Robert: Sprachen lernen. Reinbek 1992.

Klippert, Heinz: Methoden-Training. Weinheim und Basel [2]1994.

Konnertz, Dirk: Mehr melden – Selbstsicherheit gewinnen. München und Wien 1995.

Kowalczyk, Walter: Durch Lerntechniken zum selbständigen Lernen. – Mit Geduld und Übung erfolgreich lernen. In: Lehrer-Schüler-Unterricht. Kapitel C 1.1, S. 1–25. Stuttgart 1991 – Ergänzungslieferung 1992.

Kowalczyk, Walter: Entspannt und besser lernen – (K)ein Wunschtraum? Entwicklung und Erprobung des Trainingsprogramms «Besser lernen» an verschiedenen Schulformen. In: Grewe, Norbert; Wichterich, Heiner (Hrsg.): Beratung an der Schule. Konkrete Handlungsanweisungen für erfolgreiche Beratungsgespräche mit Schülern, Eltern und Kollegium. Kapitel 10 / 2.1. Kissing: WEKA (Grundwerk) 1994.

Kowalczyk, Walter; Ottich, Klaus: Die Last mit den lästigen Fehlern und der schriftlichen Form. Wo gearbeitet wird, entstehen Fehler. Wie gehen wir mit ihnen um? Argumente zum Problem Fehler machen und Fehler ankreiden aus vier unterschiedlichen Sichtweisen. In: Die Deutsche Lehrerzeitung, 35 / 94, 1. Septemberausgabe 1994, 41. Jg., S. 6.

Kowalczyk, Walter; Ottich, Klaus; Tank, Norbert: «Hättest du geschwiegen, hätte ich dich für weise gehalten» oder Das Dilemma der mündlichen Mitarbeit im Unterricht. In: Die Schulfamilie, Heft 3 (1994), S. 120–129.

Kowalczyk, Walter; Glubrecht, Michael; Hennig, Günther; Ottich, Klaus; Rudat, Hubert: Besser lernen. Lichtenau-Scherzheim [3]1995.

Kowalczyk, Walter; Ottich, Klaus: Kapiert?! Lernen und Behalten. Der Lehrer hilft weiter. Donauwörth 1996.

Kowalczyk, Walter; Ottich, Klaus: Schülern auf die Sprünge helfen. Lern- und Arbeitstechniken für den Schulerfolg. Reinbek [2]1996.

Langer, Inghard; Schulz von Thun, Friedemann; Tausch, Reinhard: Verständlichkeit in Schule, Verwaltung, Politik, Wissenschaft. München 1974.

Leonard, George: Der längere Atem. Die Meisterung des Alltäglichen. Wessobrunn 1994.

Naumann, Frohwald: ABC des Lernens. Neuwied 1991.

Nave-Herz, Rosemarie: Familie heute. Darmstadt 1994.

Oppolzer, Ursula: Super lernen. München 1993.

Ottich, Klaus; Kowalczyk, Walter: «Das habe ich nicht verstanden!» – Über Schulbücher, die das Lernen verhindern. In: Pädagogische Welt, Heft 8 (1992), S. 341–344.

Ottich, Klaus: Kein Mensch muß müssen, und ein Lehrer müßte? Was müßt er denn? In: Die Schulfamilie, Heft 10 / 1991, S. 269–271.

Polt, Gerhard; Müller, Hanns Christian: Fast wia im richtigen Leben. Zürich 1996.

Puntsch, Eberhard: Zitatenhandbuch (CD). München o. J.

Rampillon, Ute: Lerntechniken im Fremdsprachenunterricht. Ismanig [2]1989.

Rauscher, Heinz: Die Schule zum Leben erwecken – Zusammenarbeit von Eltern und Lehrern. In: Kowalczyk, Walter; Ottich, Klaus: Der Elternabend. Reinbek [2]1995, S. 7–12.

Richter, Horst-Eberhard: Eltern, Kind und Neurose. Reinbek 1972.

Robinson, Francis: Effective Study. New York 1961.

Rogge, Jan-Uwe: Eltern setzen Grenzen. Reinbek 1995.

Rohrer, Josef: Zur Rolle des Gedächtnisses beim Sprachenlernen. Bochum [3]1990.

Röhrig, Rolf: Mathematik mangelhaft. Reinbek 1996.

Roth, Gerhard: Das Gehirn und seine Wirklichkeit. Frankfurt [2]1995.

Sandfuchs, Uwe: Immer wieder vernachlässigt: Arbeitstechniken. In: PraxisSchule 5–10, Heft 6/1993, S. 6–8.

Schachl, Hans: Was haben wir im Kopf? Linz 1996.

Schulz, Andrea: «Du mußt unbedingt üben.» In: Grundschulunterricht, Heft 2/1996, S. 32–36.

Schulz von Thun, Friedemann; Enkemann, Jochen; Leßmann, Heribert; Steller, Wolfgang: Verständlich informieren und schreiben. Freiburg [7]1987.

Schulz von Thun, Friedemann; Götz, Wolfgang: Mathematik verständlich erklären. München 1976.

Seiffert, Helmut: Stil heute. Eine Einführung in die Stilistik. München 1977.

Sylvanus, Manfred: Fragen eines «Hamburg macht Schule» lesenden Vaters. In: Hamburg macht Schule, Heft 1/1992, S. 8.

Thielen, Peter G.; Walzik, Günther (Hrsg.): Der Mensch und seine Welt, Band 1. Bonn 1974.

Urban, Klaus K.: Neuere Aspekte in der Kreativitätsforschung. In: Psychologie in Erziehung und Unterricht, Heft 3/1993, S. 161–181.

Vester, Frederic: Denken Lernen Vergessen. Stuttgart 1975.

Wagner, Angelika C.: Imperative in der Erziehungswissenschaft. In: PÄDAGOGIK, Heft 7–8/1990, S. 64–67.

Wunderlich, Gabriele: Chaos im Ranzen. In: spielen und lernen, Heft 10/1992, S. 52–53.

Zimmer, Dieter E.: Das Gedächtnis. Im Kopf die ganze Welt (2). – In: «DIE ZEIT magazin» Nr. 17, 17. April 1987, S. 48.